Danzig

EDITION TEMMEN

Danzig

Ein illustriertes Reisehandbuch

Von Izabella Gawin
und Dieter Schulze

EDITION TEMMEN

Einführung

Danzig erleben

Ausflüge in die Umgebung

Informationen

Karten und Stadtpläne

Herzlich Willkommen in Danzig

Aus den Trümmern des Zweiten Weltkriegs ist das tausendjährige Danzig auferstanden. Gasse um Gasse, Haus um Haus wurde es rekonstruiert, bis es wieder so aussah wie im späten Mittelalter, als es den Beinamen »Königin der Ostsee« trug. So weit das Auge reicht, sieht man Patrizierhäuser mit spitzen Giebeln und reichem Fassadenschmuck, überragt von riesigen, backsteinernen Kirchen. An der Mottlau, einem Seitenarm der Weichsel, stehen die alten Speicher Spalier, wachen über die Ausflugs- und Segelschiffe, die Kurs nehmen aufs offene Meer.

Der Reichtum Danzigs verdankte sich der günstigen Lage am Schnittpunkt wichtiger Handelsrouten. Sein Hafen zählte über Jahrhunderte zu den wichtigsten ganz Europas. Von hier wurde polnisches Getreide zur iberischen Halbinsel verschifft, skandinavischer Pelz nach Italien umgeschlagen. Den weit reichenden Handelskontakten entsprach eine betont liberale Gesinnung: »Freier Austausch von Waren und Ideen« lautete die Losung der Kaufleute. Die Toleranz gegenüber Andersdenkenden, die freie Entfaltung von Wissenschaft und Kunst – all das schuf eine

Atmosphäre, wie es sie nur in wenigen Städten des Kontinents gab. Dieses Reisebuch begleitet den Besucher durch die Straßen Danzigs, führt ihn zu den berühmtesten Sehenswürdigkeiten und macht ihn vertraut mit dem hanseatischen Ambiente der Stadt. Vom Bernstein wird zu reden sein, vom leckeren Goldwasser, natürlich auch von Günter Grass und seiner *Blechtrommel*, von Schopenhauer und vom Geburtsort der ›Solidarność‹. Eine wichtige Rolle spielen auch praktische Tipps: Aktuelle Daten über geprüfte Unterkünfte, Treffpunkte und Restaurants sollen dazu beitragen, den Aufenthalt interessant und abwechslungsreich zu machen. Dazu kommen Vorschläge für Ausflüge in die nähere Umgebung. Denn da ist viel zu entdecken: im Norden das traditionsreiche Seebad Sopot und die von Sandstränden gesäumte Halbinsel Hel, im Osten das Frische Haff mit der Kopernikus-Stadt Frombork, weiter südlich die grandiose Marienburg, Sitz der Ordensritter an der Nogat. Im westlichen Hinterland lockt die Kaschubische Schweiz mit Seen und ursprünglicher Natur.

Blick in die Geschichte

Zurück zu den Anfängen: Spurensuche am Weichseldelta

In der 999 in Rom veröffentlichten *Vita sancti Adalberti* wird die Stadt Danzig erstmals erwähnt. Johannes Kanaparius berichtet darin von einer slawischen »urbs Gydannzc«, in die der Prager Missionsbischof Adalbert gereist sei, um die dort lebenden Heiden zum Christentum zu bekehren. Wie man lesen kann, mit großem Erfolg: am 27. März 997, einem Ostersamstag, habe sich dort »eine große Menge Menschen« taufen lassen. Östlich der Weichsel jedoch, im Herrschaftsgebiet der »wilden Pruzzen«, sei ihm kein freundlicher Empfang zuteil geworden; die Heiden erklärten den Heilsbringer zur unerwünschten Person, töteten ihn mit Lanzenstößen und schlugen ihm den Kopf ab.

Für die heutigen Danziger hat die Heiligenlegende mehr als nur symbolische Bedeutung. Mit der Chronik sei der Beweis erbracht, dass sie schon früh in den Kreis der Kulturnationen des christlichen Europas eingetreten seien: ein »vollberechtigtes Mitglied der neuzeitigen Welt mit ihrem universalen Wertsystem«. Dass es sich in besagter Chronik tatsächlich um Danzig handelt,

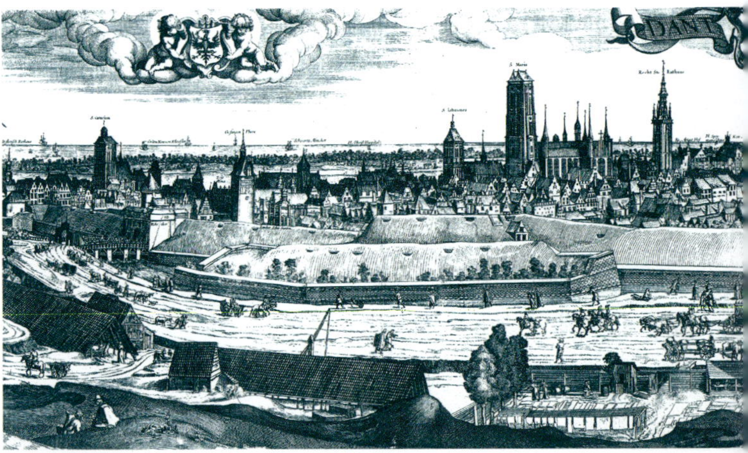

wird auch von wissenschaftlicher Seite nicht in Frage gestellt. Bei Ausgrabungen nach dem Zweiten Weltkrieg fanden Archäologen an der Mündung der Mottlau, einem Nebenarm der Weichsel, Reste einer befestigten Siedlung, in der vermutlich etwa 1000 Menschen lebten.

Warum, so mag man fragen, kam es genau an dieser Stelle zur Gründung einer Stadt? Gydannzc lag im Schutz einer slawischen Wehrburg an der Südwestseite einer weit geschwungenen Bucht und war durch die Halbinsel Hel vor den Stürmen der Ostsee geschützt. Gefahr drohte den Siedlern bestenfalls von der Weichsel, einem Fluss, der von den Karpaten heranströmte und sich in vielen Windungen auf breiter Front ins Meer ergoss. Das Delta der Weichsel bestand aus Moor, Schlick und Sand und war besonders im Herbst, wenn starker Regen einsetzte, von Hochwasser bedroht. Schutz vor den Fluten versprach ein ringsum verlaufender Erdwall, später machte man sich daran, das sumpfige Terrain trockenzulegen. Sich im Umkreis des Deltas anzusiedeln versprach großen Vorteil: Der Ort bot natürlichen Schutz vor Angreifern und erlaubte es den Bewohnern,

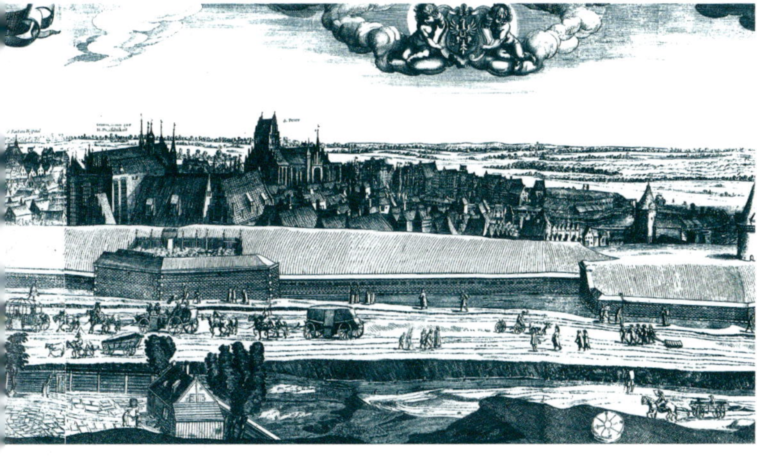

vom Überfluss des Meeres zu leben. In der fischreichen Ostsee fanden sie ausreichend Nahrung, der am Strand aufgelesene Bernstein wurde in den europäischen Ländern wie bares Gold gehandelt. Rasch entwickelte sich das Weichseldelta zu einem wichtigen Warenumschlagplatz, an dem sich See- und Landhandel berührten. Gydannzc wurde obligatorische Zwischenstation im Baltischen Meer; fast alle Schiffe, die von West nach Ost segelten, legten hier eine Pause ein, löschten Waren und nahmen neue an Bord. Zugleich erfolgte Handel in südlicher Richtung: Danzigs wirtschaftlicher Einfluss reichte bis zu den Karpaten, auf Weichselflößen und flachen Kähnen wurden große Gütermengen transportiert. Die Via Regia, eine wichtige Landroute, führte nach Krakau und Ungarn, andere Handelswege nach Schlesien sowie entlang der Küste nach Kolberg und Stettin.

Die Danziger Fürsten herrschten über ein Gebiet, das etwa von Leba bis zur Weichselmündung reichte und später den Namen Pommerellen (Kleinpommern) erhielt. Um die Christianisierung voranzutreiben, wurden gegen Ende des 12. Jahrhunderts verstärkt Mönche angeworben. Als Basis für ihre Aktivitäten erhielten dänische Zisterzienser das Gebiet rund um das spätere Kloster Oliva, aus Krakau kommende Dominikaner durften die Nikolaikirche ihr eigen nennen. Zisterzienser waren nicht nur entschiedene Verfechter des christlichen Glaubens, sondern galten auch als Vorreiter einer effizient betriebenen Landwirtschaft; die Dominikaner organisierten ab etwa 1250 alljährlich einen großen Jahrmarkt, zu dem Händler aus dem ganzen Ostseeraum herbeiströmten und an den noch heute mit einem zweiwöchigen Fest im August erinnert wird.

Auch immer mehr Kaufleute aus westeuropäischen, insbesondere deutschen Städten kamen nach Danzig. Von der Aussicht auf gute Geschäfte angespornt, organisierten sie den Warenaustausch vor Ort. In ihrem Gefolge trafen Ziegelbrenner, Maurer und Tischler ein, die sich am Bau der Hafenanlagen, Häuser und Kirchen beteiligten. Anfangs lebten die deutschen Siedler zusammen mit den slawischen Bewohnern rund um die Katharinenkirche. Dieses an die Fürstenburg grenzende Viertel erhielt später die Bezeichnung »Altstadt« im Un-

»Sigillum Burgensium Dantzike« – ältestes Stadtsiegel Danzigs (1224)

terschied zur weiter südlich gelegenen »Rechtstadt«, der »rechten« (richtigen) Stadt. Während in der Altstadt slawische Fischer und Tagelöhner lebten, war die Rechtstadt von Anfang an den vorwiegend deutschen Kaufleuten und in Zünften organisierten Handwerkern vorbehalten.
Die Rechtstadt wurde planmäßig angelegt und folgte dem im Mittelalter üblichen schachbrettartigen Muster. Die schnurgeraden Straßen führten von West nach Ost, zum Fluss und dem dort angelegten neuen Hafen. Quer dazu verliefen ebenso geradlinige, aber etwas schmalere Verbindungswege. Die Langgasse wurde zur Hauptstraße bestimmt und exakt in ihrer Mitte das Rechtstädtische Rathaus platziert. Eine neue Kirche, die Marienkirche, entstand zwischen Jopen- und Heiliggeistgasse, mitten in der Gemeinde; sie geriet so gewaltig, dass sie noch heute zu den größten Gotteshäusern der Welt zählt. Die Bürgerhäuser erscheinen dagegen vergleichsweise klein; denn um möglichst viele Bewohner in der Rechtstadt unterbringen zu können, hatte man nur schmale Grundstücke ausgelegt. Wollten die Besitzer dennoch Macht und Reichtum zur Schau stellen, mussten sie größten Wert auf das Äußere legen. So entstand das malerische Bild zierlicher, sich aneinander schmiegender Häuser mit hohen Giebeln und Schmuck rings um Fenster und Türen – ein Ensemble von großer architektonischer Geschlossenheit, das bis heute nichts von seiner Ausstrahlung eingebüßt hat.

Der Deutsche Ritterorden

Der Deutsche Orden war seit 1230 im Land östlich der Weichsel präsent: auf Einladung von Herzog Konrad von Masowien, der Unterstützung im Kampf gegen die heidnischen Pruzzen erbat und den Ordensrittern als Gegenleistung für ihren Militäreinsatz das Kulmer Land in Aussicht stellte. Hermann von Salza, der Hochmeister des 1190 gegründeten Ordens, träumte schon seit geraumer Zeit von einem eigenen Staat. Bevor er mit seinen Rittern zur »christlichen Landesverteidigung« aufbrach, ließ er sich von Papst Gregor IX. und Kaiser Friedrich II. offiziell ermächtigen, das heidnische, nach christlicher Auffassung also herrenlose Gebiet der Pruzzen zu erobern. In der Goldbulle von Rimini wurde ihm die Herrschaft über das Land, das er »mit Gottes Zutun« erobern werde, ohne Wenn und Aber zugesprochen.
Solcherart abgesichert, konnte die »Bekehrung« der Heiden beginnen. Die Ordensritter errichteten Festungsburgen entlang der Weichsel und eroberten von hier weite Teile des im Nordosten gelegenen Landes. Durch die Vereinigung mit dem Schwertbrüder-Orden 1237 fasste der Deutsche Orden auch in Livland Fuß. Wer Widerstand leistete, durfte auf Pardon nicht hoffen: die Bevölkerung ganzer Dörfer wurde niedergemacht. Doch erst 1283 galt

die christliche Kolonialisierung als abgeschlossen - nun machte sich der Orden an den Aufbau eines cigenen, theokratischen und zentralistischen Staates, über 100 Städte wurden gegründet und mit deutschen Siedlern besetzt.

Als mit dem Tod Świętopełks, des in Danzig residierenden Fürsten, die Pommerellen-Dynastie ausstarb (1266), wurde die politische Situation in der Stadt zunehmend instabil. Immer mehr geriet sie in den Interessensog zwischen Polen, Brandenburg und dem Deutschen Ritterorden. Als die Brandenburger 1308 die Stadt besetzten, nutzte der Orden ein polnisches Hilfeersuchen, um selber dort einzumarschieren und die Stadt dauerhaft in Besitz zu nehmen - ein großer Teil Pommerns lag fortan in seinem Einflussbereich. Im darauf folgenden Jahr verlegte der Hochmeister des Ordens seinen Sitz von Venedig in die südöstlich von Danzig gelegene Marienburg. Der Ritterstaat erlebte nun seine politisch-militärische Blütezeit: als unbezwingbar galten seine Streitkräfte, als uneinnehmbar seine Festungsstädte und Burgen. Mit der Eroberung des bisher dänischen Estlands, Gotlands und der Neumark erreichte er seine größte Ausdehnung.

Auf grund effizienter Verwaltung nahm das wirtschaftliche Leben Danzigs einen neuerlichen Aufschwung. Bald dehnten sich die Handelsbeziehungen von Flandern bis Nowgorod und über Polen und das Kiewer Reich bis nach Byzanz aus. Die von Deutschen besiedelte Rechtstadt nahm immer mehr Menschen auf und wurde mehrfach erweitert. 1343 verlieh ihr der Orden das Stadtrecht, 20 Jahre später trat sie der Hanse bei - einem Städteverbund, der halb Europa umspannte und durch günstige Konditionen für Kaufleute den Handel beflügelte. Die Danziger Rechtstadt wurde zentrale Schaltstelle im internationalen Warenverkehr und überflügelte das von den Ordensrittern favorisierte Elbing als See- und Handelsstadt. Dabei kam es immer öfter zu Reibungen mit den Ordensrittern, die eine weniger hansefreundliche Politik betrieben und den Handel mit dem Umland erschwerten. 1380 gründeten diese in Konkurrenz zur Rechtstadt eine neue, nördlich der Altstadt gelegene Siedlung; sie nannte sich »Jungstadt« und lag auf dem Gebiet der heutigen Werft.

Polen hatte sich an seiner Nordflanke mit dem Deutschen Orden einen starken und gefährlichen Nachbarn herangezogen. Wenig konnte es gegen ihn ausrichten, solange das eigene Staatswesen zersplittert war und die Fürstentümer miteinander im Streit lagen. Doch das änderte sich im Laufe des 14. Jahrhunderts. Ab 1320 gab es wieder einen »König aller Polen«, der neue Staat erstreckte sich über 100.000 qkm und hatte seine Hauptstadt in Krakau. Unter der Herrschaft von Kazimierz III. konnte sich Polen noch weiter ostwärts ausdehnen (1366 Anschluss Rotreußens). Aber auch im Norden machte man mobil. Nach einem Plan des reichen kleinpolnischen Landadels, der darauf spekulierte, dass sich auch der litauische Nachbar in seiner staatlichen Existenz vom Deutschen Orden bedroht sah, kam es 1386 zu einer folgenschweren Hochzeit: Die erst 14-jährige polnische Thronerbin Jadwiga heiratete den litauischen Großfürsten Władysław II. Jagiełło und ermöglichte so die Bildung eines gemeinsamen polnisch-litauischen Staates. Die litauische Führungsschicht wurde polonisiert, der heidnische Fürst nahm den christlichen Glauben an und übernahm die Herrschaft über den territorial größten Staat Europas. 1410 gelang ihm gar ein entscheidender Schlag gegen den Deutschen Orden: In der Schlacht bei Grunwald (Tannenberg) fielen mit dem Hochmeister über 40.000 Soldaten seines Heeres.

Die Streitmacht der Kreuzritter hatte den Mythos der Unbesiegbarkeit verloren. Nun wuchs auch der Widerstand in den vom Orden verwalteten Gebieten. Bereits im Vorfeld der Niederlage hatte sich die wirtschaftliche Situation in Danzig verschlechtert; die den Bürgern auferlegten hohen Steuerlasten verschärften die Spannungen, und es waren vermehrt Stimmen zu hören, die die Frage aufwarfen, ob sich unter anderen Herren nicht besser Handel treiben lasse. Unmittelbar nach der Schlacht bei Grunwald reiste der polnische König nach Danzig und stellte den Kaufleuten einige Privilegien in Aussicht, worauf die städtische Delegation ihm die Treue schwor.

Die Ordensherrscher waren erbost. Als sich ein Jahr später der Danziger Bürgermeister mit einigen seiner Abgeordneten auf der Marienburg aufhielten, wurden sie des Verrats beschuldigt und mit dem Tod bestraft. Dem neuen Hochmeister des Ordens, Heinrich von Plauen, gelang es 1412, die Kontrolle über Danzig zurückzugewinnen. Doch das Vertrauensverhältnis aus alten Zeiten stellte sich nicht wieder her. Im Jahr 1440 schloss sich Danzig mit 18 Städten und einer Gruppe von 53 Adligen im Preußischen Bund zusammen und opponierte gegen die Ordensherrschaft. Mit dem Rückhalt der Polen bekämpfte der Bund den Orden in einem 13 Jahre währenden Krieg (1454–66). Schon im Februar 1454 zerstörten Einwohner der Rechtstadt die Ritterburg am Danziger Fischmarkt, anschließend auch die mit ihnen konkurrierende so genannte Jungstadt samt Hafen. Sie unterstellten sich der polnischen Oberhoheit und griffen 1455 auch mit ihrer immerhin 200 Schiffe starken Flotte aktiv ins Kriegsgeschehen ein. Der weitere Verfall des Ordensstaates war nicht aufzuhalten, am 1. Mai 1457 zog der polnische König Kazimierz IV. in der Rechtstadt ein.

Das Wappen von Danzig

Als die Stadt nach dem Sieg über den Deutschen Orden die »volle königliche Macht« erhielt und befugt wurde, ihre Angelegenheiten selbst zu regeln, wurde den beiden silbernen Kreuzen die polnische Krone aufgesetzt.

Danzigs Goldene Jahre

Im Friedensvertrag von Thorn (1466) wurde der Krieg mit dem Orden endgültig zugunsten Polens entschieden: Die Kreuzritter zogen sich auf den östlichen Teil der Frischen Nehrung und nach Königsberg zurück, der polnische Monarch erhielt Pommerellen, das Ermland und das Kulmer Land sowie die Stadt Danzig - diese freilich nur dem Namen nach, denn geschickt hatten es die Ratsvertreter verstanden, für sich den Status einer »freien Stadt« zu verankern. Sie behielten ihre Gerichtsbarkeit und hatten eine eigene Bürgerwehr, die Sicherung der Küste gegen Seeräuber war ausschließlich ihre Angelegenheit. Im Umkreis von fünf Meilen durfte weder ein Schloss noch eine Stadt erbaut werden, kein Fremder sollte ohne Erlaubnis der Behörden in Danzig Handel treiben oder wohnen dürfen. Auch sollten den Bewohnern keine neuen Steuern oder Zölle auferlegt werden, und sie sicherten sich das Recht auf Prägung eigener Münzen.

Danzig war fortan eine unabhängige Stadtrepublik unter polnischer Oberhoheit oder - wie es der britische Historiker Norman Davies ausdrückt - ein »deutsches Juwel in der polnischen Krone«. In den nächsten 200 Jahren stieg die Einwohnerzahl von 20.000 auf 75.000. Über Danzig wurden drei Viertel des polnischen Außenhandels abgewickelt, alles, was auf dem Seeweg von Polen im- und exportiert wurde, lief über den hiesigen Hafen. Auf der Insel an der Mottlau entstand eine Vielzahl von Speichern, von hier wurde das gesamte polnische Getreide ins Ausland verschifft. Auf Grund der monopolähnlichen Stellung, die Danzig im Handel Polens mit der übrigen Welt erreichte, kam der französische Sozialgeschichtler Fernand Braudel zu folgender Einschätzung: »Nur allzu deutlich zeigt sich, wie das selbstsüchtige, reiche Danzig das gewaltige Polen ausbeutet und auf seine Bedürfnisse abstellt.« Und dies, so könnte man ergänzen, obwohl die Hanse immer mehr an Bedeutung verlor und holländische Kaufleute den europäischen Handel zunehmend beherrschten.

Vom Handel profitierte auch das Handwerk. In ganz Europa sprach man von den wunderbaren Tischler- und Goldschmiedearbeiten, die in Danzig entstanden - kein westeuropäischer Hof, der sich nicht mit ihnen geschmückt hätte. Daneben gab es in der Stadt eine blühende Leder-, Textil- und Bekleidungsindustrie, es bestanden Beschäftigungsmöglichkeiten im Schiffbau, im Brauerei- und Nahrungsmittelgewerbe. Danzig war eine Stadt, die auch für Siedler aus westlichen Nachbarstaaten große Anziehungskraft besaß; im Verlauf der Religionskriege strömten viele Immigranten etwa aus den Niederlanden und Schottland in die Stadt, die den Ruf genoss, friedlich und relativ tolerant zu sein.

Schon 1526 hatte sich das Gedankengut Luthers und der Reformation durchgesetzt, drei Jahre später fand in der Marienkirche der erste protestantische Gottesdienst statt. Nachdem es gelang, dem polnischen König Zygmunt August II. das Privileg der Religionsfreiheit abzutrotzen (1557), verlor der Katholizismus in ganz Pommern seine führende Stellung; die wichtigsten Positionen in Politik und Verwaltung waren nun von Lutheranern und Calvinisten besetzt. Die verheißene religiöse »Toleranz« ging freilich über das bekannte Konfessionsspektrum nicht hinaus. Von der »Religionsfreiheit« nicht profitieren konnten etwa die aus Holland geflüchteten Mennoniten. Ihre Kenntnisse im Bau von Deichen und Entwässerungskanälen, aber auch im Textilhandel und in der Likörherstellung wurden zwar gern in Anspruch genommen, gleichwohl wurde es ihnen nicht erlaubt, sich im Stadtbereich Danzigs anzusiedeln oder den Zünften beizutreten. Den Juden erging es nicht besser: nur während des Dominikanermarkts war es ihnen gestattet, sich auf städtischem Boden zu bewegen.

Danzig erhielt im 16. und frühen 17. Jahrhundert jenes glanzvolle Antlitz, das man nach dem Wiederaufbau der Stadt abermals bewundern kann. Die gotisch-asketische Architektur, wie sie die Ordensritter favorisiert hatten, wich einer Vielfalt der Formen. Reich gestaltete Fassaden, goldener Schmuck und bunte Malerei spiegelten das neue Lebensgefühl. Aus Italien, Flandern und Holland

Mit den Befestigungen des 16./17. Jahrhunderts erhielt Danzig jene Form, die bis Anfang des 20. Jahrhunderts unverändert blieb und die Stadt noch heute prägt

angeworbene Künstler und Architekten schufen für das Patriziat eine Stadt, die bald zu den schönsten Europas zählte. Vor allem am Königsweg, über den die polnischen Monarchen ihren Einzug hielten, reihte sich ein Prachtbau an den nächsten. Der Artushof neben dem Rechtstädtischen Rathaus war Treffpunkt der wirtschaftlichen Elite, der Patrizier und der reichen Kaufmannschaft, der Reeder und Schiffsmakler: Tagsüber wurden bei Danziger Bier die Geschäfte abgewickelt, abends feierte man rauschende Feste.

Langsamer Niedergang

Der starke Nachbar Polen erlebte 1572 den Anfang vom Ende seines »Goldenen Zeitalters« – und dies sollte mit einiger Verspätung auch Danzig zu spüren bekommen. Als mit dem Tod von Zygmunt August II. die Dynastie der Jagellonen erlosch, nutzte das Adelsparlament die Krise, um die königlich-bürgerliche Allianz, die sich in den Städten herausgebildet hatte, nachhaltig zu schwächen. Die Erblichkeit des Throns wurde durch eine Wahlmonarchie ersetzt – fortan war es allein der Adel, der darüber befand, wer sich polnischer König nennen durfte. Zur politischen Realität gehörte es fortan, dass Günstlinge auswärtiger Herrschaftshäuser durch Bestechung führender Adelsgruppen zu polnischen Königen avancierten. Es mehrten sich Krisen und Intrigen, Polen wurde instabil. Die Adelsversammlung wählte im Zeitraum 1572–1795 insgesamt 14 Herrscher, doch nur vier davon stammten aus dem eigenen Land. Zunächst blieb der Franzose Heinrich von Valois zwei Jahre an der Macht, dann zwölf Jahre lang der Ungar Stefan Bathory.

Danzig sah sich wiederholt gezwungen, seine Privilegien gegenüber der polnischen Adelsrepublik zu verteidigen. 1577 ließ König Stefan Bathory die Stadt und die Festung Weichselmünde beschießen, nachdem seinen Kommissaren die Huldigung verweigert worden war. Als die polnischen Truppen im Taumel

ihres vermeintlichen Sieges den Tag mit einem großen Besäufnis ausklingen ließen, wurde ihr Lager von Danziger Bürgern überfallen, wobei auch über 500 deutsche Söldner, die auf königlicher Seite im Einsatz waren, den Tod fanden. Der Belagerungsring um Danzig wurde aufgegeben, König Stefan Bathory musste die politische Eigenständigkeit der Freistadt bestätigen.
Trotz solcher Scharmützel verhielt sich der Danziger Stadtrat in Notsituationen gegenüber dem König loyal. Die polnischen Schiffe, die sich 1626 der von Gustav Adolf befehligten schwedischen Flotte mit Erfolg entgegenstellten, standen unter Danziger Oberbefehl. Die Konflikte zwischen Polen und Schweden waren bereits 1592 ausgebrochen, als der polnische König Zygmunt III., ein Sohn des schwedischen Königs Johann, Anspruch auf die nordische Krone erhob und damit eine ganze Serie von Kriegen auslöste. 1655 brach die »Schwedische Flut« über das Land herein: Bis auf Danzig und Lemberg, Zamość und Tschenstochau wurde ganz Polen vorübergehend von nordischen Truppen besetzt; mehr als 4 Millionen Polen, also die Hälfte der damaligen Bevölkerung, wurden getötet.
Der Friedensschluss von Oliva (1660) beendete den Krieg, doch Polen war geschwächt – und auch Danzig, das im Krieg noch glimpflich davon gekommen war, konnte nicht mehr an seinen einstigen Wohlstand anknüpfen, war doch seine Wirtschaft zu sehr mit der Polens verknüpft. Die Stadt be-

Alte Vorstadt: Theater und Oper 1687

gann zu verfallen, wurde Opfer von Feuersbrünsten und Seuchen. Hatten 1656 noch 73.000 Menschen in der Stadt gelebt, waren es 1705 nur noch 50.000 und 1800 gar nur 36.000. Immer häufiger wurde nun auch Danzig in die bei Thronstreitigkeiten ausbrechenden Kämpfe verwickelt, wobei den Großmächten die Unterdrückung Andersgläubiger in Polen einen zusätzlichen Vorwand zur Intervention lieferte. Russland fürchtete um die Rechte der Orthodoxen, Preußen um die der Protestanten.

1763 konnte Zarin Katharina II. die Wahl ihres Günstlings Stanisław Poniatowski zum neuen König von Polen durchsetzen. Unmittelbar nach Verabschiedung des *Toleranztraktats*, das die Diskriminierung nichtkatholischer Glaubensgruppen per Dekret untersagte, schlossen sich zahlreiche Adlige gegen den russlandfreundlichen König in der Konföderation von Bar zusammen. Ihre Losung lautete: »Für Glauben und Freiheit« - wobei *Glauben* hier selbstverständlich auf den katholischen Glauben beschränkt war. Ein Bürgerkrieg entbrannte, in dem vor allem die orthodoxen Bauern der Ukraine und Podoliens den Konföderierten schwere Verluste beibrachten. Die militärischen Aktivitäten führten schließlich zur Ersten Polnischen Teilung von 1772, in der sich die Herrschaftshäuser Österreichs, Preußens und Russlands erste Stücke vom polnischen Kuchen sicherten; Preußen annektierte das Ermland, das Kulmer Land und Westpreußen (ohne Danzig). Poniatowski emanzipierte sich vom Einfluss der Zarin und legte am 3. Mai 1791 eine fortschrittliche, an den Idealen der Französischen Revolution ausgerichtete Verfassung vor. Diese beinhaltete neben der Gewaltenteilung auch das Prinzip der Volkssouveränität. Ein Erbfolgemodell sollte die Wahl des Königs durch den Adel ablösen, Städtern wurde ein Mitspracherecht in politischen und sozialen Angelegenheiten zuerkannt. Konservative Magnaten fürchteten um ihre Sonderrechte und organisierten den Widerstand. Sie schlossen sich im Mai 1792 in der »Konföderation von Targowice« zusammen und baten die Zarin um Unterstützung im Kampf gegen die »französische Pest«. Ihr Hilferuf genügte, um die Maiverfassung zu Fall zu bringen. Derweil das revolutionäre Frankreich der königlichen Republik nicht zu Hilfe kommen konnte, nutzten Russland und Preußen die Gunst der Stunde und beschlossen die Zweite Teilung Polens (1793).

Unter preußischer Herrschaft

Mit der Zweiten Teilung Polens fiel Danzig an Preußen und büßte seine Selbstverwaltung ein. Auch die deutschen Bewohner dachten damals noch nicht in nationalen Kategorien - sie fühlten sich primär als »Bürger Danzigs« und waren stolz auf die Schönheit ihrer Stadt und das in der

Danziger Erinnerungen an ein Patriziergeschlecht – im Café Ferber

Vergangenheit Erreichte. »Es ist etwas Schreckliches passiert: die Preußen sind eingerückt« – mit diesem Kommentar stand die Schriftstellerin Johanna Schopenhauer, Mutter des Philosophen Arthur Schopenhauer, gewiss nicht allein. Gleichwohl ging es mit der Wirtschaft in den Folgejahren wieder aufwärts. Dies verdankte sich vor allem dem Umstand, dass Danzig nun in Preußen über ein solides Hinterland verfügte. Endlich fanden Danziger Kaufleute wieder Abnehmer für ihre Waren – Textilien, Bernstein und Wodka wurden in die Hafenstädte Bremen, Hamburg und Lübeck exportiert. Der Aufschwung spiegelt sich auch im Bevölkerungsanstieg: die Zahl der Einwohner stieg von 36.000 im Jahr 1793 auf 80.000 im Jahr 1807.

Als napoleonische Truppen im März 1807 die Stadt eroberten, wurden sie von vielen Danzigern begeistert begrüßt. Diese hofften auf Wiedererlangung der alten Privilegien, die ihnen unter preußischer Herrschaft nicht mehr gewährt wurden. Der im gleichen Jahr abgeschlossene Frieden von Tilsit machte Danzig zu einer formal unabhängigen Stadt, de facto stand sie allerdings unter französischer Besatzung mit nur geringen Möglichkeiten zur wirtschaftlichen Entfaltung. »Wenn ein Kaiser«, so Napoleon, »diese Stadt einnimmt, so behält er sie für sich, um von hier aus Herrscher über die Ostsee zu sein.« Dazu aber kam es nicht: 1813 verhängten Preußen und Russland eine Blockade über die Stadt, die sich nach knapp einem Jahr gezwungen sah, zu kapitulieren. Bei den Kämpfen gingen viele Speicher und alte Häuser in Flammen auf, 25.000 Menschen fanden den Tod.

Im Wiener Abkommen von 1815 kam Danzig an den vorherigen Besitzer zurück und nahm als Hauptstadt der Provinz Westpreußen einen wirtschaftlichen Aufschwung: die neuen Herren förderten den Handel und erweiterten den Hafen, der Schiffbau wurde wichtigster Industriezweig. Im Jahr 1825 entstand die Klawitterwerft; bereits 15 Jahre später liefen dort Schiffe aus Eisen vom Stapel, während auf anderen europäischen Werften noch der Holzbau angesagt war. 1850 wurde die Königliche Werft gegründet, die bald über 2000 Arbeitskräfte beschäftigte und von Großaufträgen im Marineschiffbau profitierte. Die Bevölkerung, vor allem die deutschsprachige, dankte es mit wachsender Zustimmung zum Preußenstaat. Dagegen war die polnische Minderheit von allen wichtigen Positionen in Staat und Gesellschaft ausgeschlossen; sie lebte ein volles Jahrhundert in »innerer Emigration«, besaß nicht einmal Zeitungen oder eine eigene Literatur.

Zusammen mit Preußen wurde Danzig 1871 Teil des Deutschen Reichs. Mit der Neuansiedlung der Schichau-Werft, die auf den Bau von Großschiffen spezialisiert war, erlebte die Werftindustrie zusätzlichen Auftrieb, allerdings musste sie sich starker Konkurrenz aus Hamburg, Bremen und Kiel erwehren. Der Güterumschlag verlagerte sich derweil vom Krantor und der Speicherinsel in Richtung Norden: Gegenüber der Einmündung der Mottlau in die Weichsel wurde zu Beginn des 20. Jahrhunderts der so genannte »Kaiserhafen« (heute Kanał Kaszubski) gebaut, wo man mit dem Bau von U-Booten begann. Etwa zur gleichen Zeit entstanden im Nordwesten Danzigs die Villenviertel von Langfuhr (Wrzeszcz), in der sich vor allem Fabrikbesitzer und Beamte des Deutschen Reiches ansiedelten. Die zwischen Danzig und der nördlichen Vorstadt Oliva verkehrende Pferdebahnlinie wurde durch eine elektrische Bahn ersetzt, bald darauf wurde Oliva nebst einigen Strandorten eingemeindet. Die Einwohnerzahl Danzigs stieg bis zum Beginn des Ersten Weltkriegs auf 175.000.

Von der freien zur zerstörten Stadt

Nach Deutschlands Niederlage im Ersten Weltkrieg erklärten die Siegermächte Danzig zur »Freien Stadt« unter dem Schutz des Völkerbunds. Polen bildete wieder einen unabhängigen Staat, der sich an seiner Nordflanke wie ein Keil zwischen das zu 95% von Deutschen bewohnte Danzig und das Deutsche Reich schob.

Der Freistaat »Freie Stadt Danzig« umfasste eine Fläche von 1966 qkm und gliederte sich in die zwei Stadtkreise Danzig (einschl. Oliva) und Zoppot sowie die drei Landkreise Danziger Höhe, Danziger Niederung und Großes Werder. Nach hansischem Vorbild gab sich Danzig eine Verfassung, die jedoch nicht die Billigung des Völkerbundrates fand. Dieser suchte den Forderungen Polens, das durch die Vertreter seiner Nationalbewegung schon während des Ersten Weltkriegs Ansprüche auf Danzig angemeldet hatte, weitgehend zu entsprechen. Der Freistaat sollte ein Kompromiss sein zwischen den auf Annexion gerichteten Wünschen Polens und den auf Verbleib beim Deutschen Reich gerichteten Interessen der deutschen Bevölkerung. Nach mehrfachen Änderungen, die uner anderem den Schutz der polnischen Minderheit betrafen, trat die Verfassung am 14. Juni 1922 in Kraft.

Gemeinsam mit Polen bildete Danzig eine Zollgemeinschaft und wurde außenpolitisch von diesem vertreten. Auch die Eisenbahn wurde von Polen verwaltet, neben der Deutschen gab es die Polnische Post. Hafen und Wasserwege unterstanden einem paritätisch von Deutschen und Polen zusammengesetzten Ausschuss. Bei eventuellen Streitigkeiten zwischen dem Freistaat und Polen entschied der vom Völkerbundsrat bestellte Hochkommissar mit Amtssitz in Danzig als erste, der Völkerbundsrat als letzte Instanz.

Das unabhängige Polen besaß nun auch einen eigenen Zugang

zum Meer und begann schon früh damit, in dem ihm zugesprochenen »Korridor« einen Hafen anzulegen. Er entstand bei Gdynia (Gdingen), einem kleinen Fischerdorf mit nur 300 Seelen, das aber binnen weniger Jahre zu einer Großstadt mit 100.000 Einwohnern anwuchs. Schon 1930 wurden in Gdynia mehr Waren umgeschlagen als im Freistaat Danzig. Zusätzlich erhielt Polen vom Völkerbund die Erlaubnis, auf der Westerplatte ein Munitionsdepot anzulegen. Der Danziger Senat legte Protest ein, musste den Bau schließlich aber hinnehmen und zudem zu 50 % finanzieren.
Nachdem die Nationalsozialisten 1933 die absolute Mehrheit bei den Wahlen zum Danziger Volkstag gewonnen hatten, wurde die Opposition schrittweise aus- und die Presse gleichgeschaltet. Zwei Jahre später meldete die New York Times: »Die Hitlerisierung Danzigs ist schon fast vollkommen.« Gauleiter war im gesamten Zeitraum Albert Forster, dem eine Schlüsselposition beim Projekt zufiel, Danzig »heim ins Reich« zu führen. Ab 1937 war die jüdische Gemeinde gezwungen, ihre Grundstücke und auch ihre Friedhöfe an die Freie Stadt Danzig zu verkaufen, um die Emigration ihrer Mitglieder nach Palästina, Amerika oder England zu finanzieren. Im November 1938 brannten die Synagogen, mehr als 6000 Juden hatten binnen weniger Monate die Stadt zu verlassen. Nach Kündigung des deutsch-polnischen Nichtangriffsabkommens von 1934 am 28. April 1939 nahm die Reichsregierung die Frage des Polnischen Korridors zum Anlass für die Vorbereitung eines Angriffs auf Polen. Zuvor hatte Hitler die polnische Regierung aufgefordert, sie solle auf Danzig verzichten und dem Bau einer exterritorialen Autobahn und Zuglinie zwischen Pommern und Ostpreußen zustimmen; komme sie der Aufforderung nach, sei Deutschland bereit, Polens Westgrenze anzuerkennen. Die polnische Regierung lehnte diesen Vorschlag jedoch ab.
Am 1. September 1939 morgens um 4.45 Uhr feuerte der Panzerkreuzer ›Schleswig-Holstein‹ die ersten Schüsse auf den Militärposten auf der Westerplatte – der Angriff bildete das Startsignal zum Zweiten Weltkrieg. 1500 »Staatsfeinde« wurden noch in der gleichen Nacht inhaftiert, im nahegelegenen Stutthof begann man tags darauf mit dem Bau eines Konzentrationslagers. Am 2. September kapitulierten die Angestellten der Polnischen Post, fünf Tage später auch die Arbeiter im Munitionsdepot der Westerplatte. Am 1. Oktober wurde Danzig offiziell »heimgeholt«, eine Woche später zur Hauptstadt des neu geschaffenen Reichsgaus Danzig-Westpreußen erklärt. Alle nichtdeutschen Stadtbewohner wurden im November 1939 ausgebürgert. Unter deutscher Herrschaft wurde Polen zu einer großen Hinrichtungsstätte. Knapp sechs

Hochdekoriert: Veteranen der Heimatarmee

Millionen Polen, darunter drei Millionen Juden, kamen in den Konzentrationslagern ums Leben. Im Buch von Dieter Schenk über Gauleiter Forster und die NS-Verbrechen in Danzig-Westpreußen wird aufgezeichnet, welche Rolle dabei das vor den Toren Danzigs gelegene KZ Stutthof (➢Ausflüge in die Umgebung) spielte. Von den über 1700 namentlich bekannt gewordenen Tatverdächtigen, die an Massenmorden beteiligt waren, wurden lediglich zehn im Nachkriegsdeutschland bestraft.

Ende 1944 kehrte der Krieg nach Danzig zurück – die deutschen Truppen hatten den Befehl, die Stadt »bis zur Vernichtung« zu verteidigen. Im Verlaufe der nun ausbrechenden Kämpfe wurden die Rechtstadt und die historische Altstadt fast vollständig zerstört. Am 28. März 1945 wurde auf den Ruinen des Artushofs die polnische Fahne gehisst – es gab wieder einen polnischen Staat, doch er unterstand sowjetischem Einfluss.

Sozialistisches Intermezzo

Auf den Konferenzen von Jalta und Potsdam wurde das polnische Territorium neu abgesteckt. Die Oder-Neisse-Linie markierte die Westgrenze, die Curzon-Linie wurde Grenze im Osten. Damit verschob sich das pol-

nische Staatsgebiet weit nach Westen. Schlesien, das südliche Ostpreußen, Pommern und Danzig gehörten fortan zu Polen, das nördlich Ostpreußen und die polnischen Ostgebiete fielen an die Sowjet-union.
Von den 135.000 Deutschen, die im Juni 1945 noch in der Danziger Trümmerwüste lebten, hatten ein halbes Jahr später schon über 100.000 die Stadt verlassen, und auch die verbliebenen wurden, sofern es sich nicht um »Autochthone« handelte, binnen kürzester Zeit ausgesiedelt; sie gingen zumeist nach Hamburg und Bremen, Niedersachsen und Schleswig-Holstein. Die Polen, die an ihre Stelle traten, kamen meist aus Pommerellen und den an die Sowjetunion abgetretenen früheren polnischen Ostgebieten. Schon 1956 lebten in der Stadt wieder mehr Menschen als in der Vorkriegszeit. Die Wohnungsnot ließ keine Zeit für architektonische Finessen, die Häuser mussten schnell zu bauen und auf Grund der fast leeren Kassen obendrein noch billig sein. Vor allem nördlich der Altstadt entstanden riesige Trabantenstädte, funktional und zweckmäßig, aber nicht schön.
Gdańsk (Danzig), Sopot (Zoppot) und Gdynia (Gdingen) verschmolzen zur so genannten »Dreistadt« - verwaltungstechnisch aber blieben sie getrennt.
Nach kontrovers geführter Diskussion wurde 1952 beschlossen, die historische Altstadt nach Plänen aus dem 17. und 18. Jahr-

Die große Zeit der »Solidarität«

hundert wieder herzurichten. Im Herzen der Rechtstadt wurde fast jedes Bauwerk mit historisch getreuer Fassade rekonstruiert. Ein ehrgeiziges Projekt, nach dessen Realisierung die polnischen Restaurateure aus Fachkreisen der ganzen Welt höchstes Lob ernteten. Der Besucher läuft den Königsweg entlang und kann nicht glauben, dass dies alles nur eine Kopie sein soll – die Häuser und Prachtbauten wirken historisch echt und haben schon Patina angesetzt.

Hinter der Theaterkulisse tobte freilich der Alltag – und der sah für die Danziger Bürger in den vergangenen Jahrzehnten nicht immer so rosig aus wie die Fassade. Polen schien nicht geschaffen für den »sozialistischen Plan«, viele staatliche Betriebe arbeiteten unproduktiv und zielten an den Bedürfnissen der Bevölkerung vorbei. Dabei richtete sich die Kritik vieler Bewohner in den 50er- und 60er-Jahren gar nicht so sehr gegen das sozialistische System, sondern nur gegen bestimmte, in Führungspositionen aufgerückte Parteivertreter. Man warf ihnen Mangel an Kompetenz vor und versprach sich durch deren Absetzung eine Besserung der eigenen Lebenssituation. So geschehen etwa 1956 in Posen, wo nach Arbeiterunruhen Gomułka neuer Parteichef wurde, der die Zwangskollektivierung in der Landwirtschaft stoppte, oder 1970 in Danzig, wo die Werftarbeiter einen Machtwechsel an der Spitze herbeiführten; Gierek löste Gomułka als Parteiführer ab und versuchte, mit Hilfe westlicher Kredite einen wirtschaftlichen Aufschwung einzuleiten. Anfangs mit beträchtlichem Erfolg, wie auch in Danzig zu beobachten war. Es wurde investiert und modernisiert, die Werften meldeten Vollbeschäftigung. Im neuen, auch für große Schiffe zugänglichen Nordhafen wurde 1974 ein Kohleterminal, ein Jahr später ein Ölterminal eingeweiht. Der Güterumschlag wuchs in den Jahren 1970 bis 1978 von 10 auf 28 Millionen Tonnen. Doch dann wurde Polen von einer dramatischen wirtschaftlichen Krise erfasst – und die Hoffnung auf eine Reformierbarkeit des Sozialismus begann zu erlahmen. Doch wer geglaubt hatte, nun werde wieder ein bisschen revoltiert, auf dass an der Parteispitze ein paar Köpfe

Pablo Neruda: Ruinen am Baltischen Meer

Gdańsk, kugeldurchbohrt vom Krieg,
irrzerrfetzte Rose,
zwischen deinem Meeresruch
und dem hohen fahlen Himmel
ging ich inmitten deiner Ruinen einher,
ein Gespenst unter Gespenstern,
zwischen Trümmern und orangenem Silber.
Eindrangen die Nebel mit mir,
die eisigen Schwaden,
und umherschweifend
entwirrte die Straßen ich,
die häuserlosen, menschenlosen.

Ich kenne den Krieg
und dieses Antlitz augen- und lippenleer,
diese gestorbenen Fenster,
ich kenne sie,
sah sie in Madrid, in Berlin, in Warschau,
doch dieses gotische Schiff
mit seiner roten Ziegelasche
am Meer, an der Pforte
der alten Fahrten –
merkantiles Antlitz am Bug,
grüner Kutter der eisigen Meere –,
mit seinen herzzerreißenden Wunden,
seinen Mauerstümpfen,
seinem vernichteten Stolz,
sie drangen in meine Seele
wie Schneeböen, Staub und Rauch,
wie etwas, das erblinden macht und verzweifeln.
Das Haus der Gilden
mit seinen gestürzten Emblemen,
die Banken, in denen das Gold
in Europas Kehle fiel, klirrend,
die roten steinernen Uferdämme,
wo ein Strom von Getreiden
gleich einer Erdenwoge
des Sommers Duft herübertrug,
alles war Staub, Berge
zerstörter Materie,
und der Wind des eisernen Baltischen Meeres
wehte ins Leere.

rollten und ansonsten alles beim Alten bliebe, sah sich getäuscht: In Polen braute sich - mit Gott im Rücken - ein soziales Gewitter zusammen.

»Droht Gefahr, dann hebt der allmächtige Gott mit einem gewaltigen Glockenton als seinen neuen Papst einen Slawen auf seinen Thron.« Die prophetischen Worte des Volksdichters Słowacki (1848) erfüllten sich im Jahr 1978: Karol Wojtyła wurde als Papst Johannes Paul II. zum Oberhaupt der katholischen Kirche gewählt. Für die meisten Polen gab es keinerlei Zweifel: dies war ein Werk der Schwarzen Madonna, der heimlichen Königin des Landes. 1979 reiste der Papst ein erstes Mal nach Polen, ließ sich verehren und feiern. Was er in Gang setzte, beschrieb der Schriftsteller Kazimierz Brandys als »eine patriotische Manifestation, ein nationaler Aufstand ohne einen Schuss.« Er machte seinen Landsleuten Mut, stolz zu sein auf Polen, es trotz der Tragödien, die es erlitt, unerschüttert zu lieben. Das Volk der Märtyrer und Helden, suggerierte er, würde Kraft zum Neubeginn finden, eines nicht fernen Tages als freie Nation wieder auferstehen.

Der Papstbesuch wurde zum Auslöser für eine gewaltige Protestbewegung, die im August 1980 in den Streiks der Werftarbeiter von Danzig ihren Gipfelpunkt fand. Im Danziger Abkommen konzedierte die Regierung den Arbeitern die Gründung der unabhängigen Gewerkschaft *Solidarność*, schon am 10. November wurde sie im Warschauer Rathaus formell legalisiert. Die in ihr vereinte Opposition reichte von Reformlinken bis zu reaktionären Klerikern und zählte bald zehn Millionen Mitglieder. Ihr Führer war Lech Wałęsa (➢ Danziger Porträts), zu dem der Papst seit seinem Besuch enge Beziehungen unterhielt. Der Elektriker schmückte sich öffentlich mit dem Antlitz der Jungfrau Maria am Jackenrevers. »Ohne die Kirche«, bekannte er, »könnte nichts geschehen, mich selbst würde es nicht geben, und ich wäre nicht, was ich bin.« Alle Demonstrationen der Solidarność begannen fortan mit einem Gottesdienst, Kirchenräume wurden von der Opposition für Lesungen und Vorträge genutzt.

1981 erreichte die wirtschaftliche Situation einen bedrohlichen Tiefpunkt: Polen konnte seinen Zahlungsverpflichtungen gegenüber westlichen Gläubigern nicht mehr nachkommen. Nach einer neuerlichen von Solidarność ausgelösten Streikwelle verhängte Ministerpräsident Jaruzelski am 13. Dezember 1981 das Kriegsrecht über das Land, um eine militärische Intervention durch Truppen des Warschauer Pakts zu verhindern. Die Gewerkschaft Solidarność wurde verboten, eine große Zahl von Bürgerrechtlern und Dissidenten verhaftet. Der über Polen umgehend verhängte westliche Wirtschaftsboykott forcierte die Krise, trieb eine große Zahl vor allem kleinerer Betriebe in den Ruin.

Politiker des Westens erkannten die Nützlichkeit des Papstes für das angepeilte Ziel, das kommunistisch gelenkte Osteuropa zu destabilisieren. US-Außenminister Haig vermerkte, die päpstlichen Informationen seien »in jeder Hinsicht besser und aktueller« als die seines Geheimdienstes. Daher verwundert es nicht, dass am Tag, da der Kriegszustand verkündet wurde, der amerikanische Präsident Ronald Reagan unverzüglich den Papst anrief und ihn, wie die Wochenzeitschrift *Time* berichtet, um fachkundigen Rat bat. Wojtyła empfahl Reagan die Strategie der Subversion. Von offenen Auseinandersetzungen riet er ab, da sie leicht zu einem Bürgerkrieg eskalieren und die Intervention sowjetischer Truppen provozieren könnten. Zugleich wurde Kardinal Glemp über Radio angewiesen, von allen Kirchenaltären Polens die Botschaft des passiven Widerstandes zu verkünden. Die sowjetische Regierung ließ er wissen, dass er im Falle einer Intervention sofort nach Polen fliegen werde, um das polnische Volk in seinem Kampf gegen die Besatzungsmacht zu unterstützen.

Bei einem persönlichen Treffen von Wojtyła und Reagan am 5. Juni 1982 wurde beschlossen, die illegale Gewerkschaft Solidarność materiell nach besten Kräften zu unterstützen. Tausende von Telex- und Faxgeräten, Druckmaschinen und Fotokopierern wurden über Kirchenkanäle nach Polen geschleust; gleichzeitig ging man daran, die Propagandasendungen von Radio Free Europe, Voice of America und Radio Liberty zu intensivieren.

Am 20. Juli 1983 wurde das Kriegsrecht aufgehoben. Schon im darauf folgenden Sommer entfaltete der Papst neue Aktivitäten. Er entsandte Erzbischof Pio Laghi nach Santa Barbara, um Reagan davon zu überzeugen, dass die gegen Polen verhängten Wirtschaftssanktionen kontraproduktiv seien. Sie ermöglichten es der polnischen Regierung, die Versorgungsschwierigkeiten des Landes glaubwürdig zu begründen. Kurz darauf wurde die Handelsblockade gelockert. Im Gegenzug machte sich die polnische Regierung daran, wesentliche marktwirtschaftliche Elemente in das bestehende Plansystem zu integrieren.

Im Jahr 1986 trat Polen zwecks Sicherung seiner Kreditwürdigkeit bei westlichen Gläubigern dem Internationalen Währungsfonds (IWF) bei. Die westliche Staatengemeinschaft begrüßte diesen Schritt, wusste sie doch, dass damit das politische Bekenntnis des Systemgegners zur kapitalistischen Wirtschaftsordnung verbunden war. De facto trat Polen in Finanz- und Wirtschaftsfragen entscheidende Souveränitätsrechte ab, die nationale Ökonomie wurde auf Tilgung der bei westlichen Kreditgebern gemachten Schulden umgestellt: zwecks Devisenerwirtschaftung wurden Lebensmittel zu Spottpreisen ins westliche Ausland exportiert, überflüssige Ausgaben im sozialen Bereich eingespart. Den regierenden Kommunisten gelang es nicht mehr, das Vertrauen der Bevölkerung zurückzugewinnen. Schrittweise wurde die Regierung entmachtet, 1989 mit Tadeusz Mazowiecki der erste nichtkommunistische Ministerpräsident gewählt. »Marktwirtschaft« lautete fortan das Zauberwort, angestrebt wurde eine Aufnahme in die westlichen Bündnissysteme von NATO und EU.

Demokratie und Marktwirtschaft

Als der Sozialismus von der politischen Bühne abtrat, glaubten viele, eine neue, bessere Zeit sei angebrochen. Die »neue Zeit« bedeutete jedoch auch Arbeitslosigkeit, Preisanstieg und Abbau von Sozialleistungen. Die Schaufensterauslagen wurden mit vielen bunten Waren gefüllt - doch wo war das Geld, um sie zu kaufen? Standen Wahlen zum Sejm an, fragte sich manch ein desillusionierter Pole: War es nicht doch besser unter dem alten Regime? Wo ist der versprochene Wohlstand - was habe ich vom Recht auf Freiheit und Demokratie, wenn ich sie mit dem möglichen Verlust des Arbeitsplatzes erkaufen muss? Der Anteil postkommunistischer Wählerstimmen stieg wieder auf über 25% an, Ex-Kommunist Kwaśniewski wurde gar zweimal hintereinander (1995 und 2000) zum Präsidenten gewählt. Doch ein Zurück zu den alten Zeiten gibt es nicht mehr. Längst gehören die Vertreter der einstigen Linken zum Machtkartell der neuen Wirtschaftselite. Sofern sie selber im Rahmen eines Mitte-Links-Bündnisses Regierungsverantwortung tragen, findet man in den Wirtschaftsseiten von FAZ und Financial Times anerkennende Worte für ihren »gewachsenen Realitätssinn«. Unter ihrer Führung, heißt es, haben die Polen große Fortschritte im Streben nach Demokratie und Wohlstand erzielt. Regiert dagegen ein Bündnis unter Beteiligung alter Solidarność-Anhänger, schauen westliche Wirtschaftskreise eher skeptisch nach Polen. In der Wahlaktion Solidarność gibt es eine ganze Reihe frommer Nationalisten und Europagegner, denen man zutraut, dass sie Polens Weg in die Europäische Union Steine in den Weg legen könnten. Große Hoffnung setzt man freilich auf die Partei der Liberalen, den kleineren Bündnispartner. In Balcerowicz, dem »Vater der polnischen Marktwirtschaft«, hat der Westen seinen Wunschkandidaten - wird er zukünftig seine Arbeit in einer von der Linken geführten Regierung fortsetzen? Die Dreistadt an der Weichsel sucht derweil in Riesenschritten Anschluss an den Westen. Das merkt man nicht so sehr beim Besuch in Danzig, wo sich die märchenhaft präparierte Altstadt als Touristenattraktion einer Modernisierung widersetzt. Doch wenn man nach längerer Zeit wieder einmal nach Gdynia kommt, wird man die Stadt kaum wiedererkennen. Hier sind

Das neue alte Danzig: Geldautomat in historischer Fassade

multifunktionale Gebäudekomplexe für Banken und Konzerne, moderne Dienstleistungstempel entstanden. Der Bedarf an Büroflächen hat sich drastisch erhöht. Einheimische Unternehmen, aber auch Niederlassungen ausländischer Firmen haben sich dort angesiedelt. Der Kapitalverkehr wurde im Zusammenhang mit Direktinvestitionen weitgehend freigegeben, erzielte Gewinne dürfen die ausländischen Unternehmen unbeschadet transferieren. Gleichfalls aktiv ist das Ausland im Banksektor. Westliche

Geldhäuser sind mehrheitlich an über 20 Banken beteiligt, unter ihnen die Deutsche Bank, die Dresdener Bank und die Vereinsbank.
Die polnische »Urangst« vor dem östlichen Nachbarn machte die Bevölkerung schon früh reif für den militärpolitischen Anschluss an den Westen, die Bundeswehr wurde wichtigster Manöverpartner Polens. Mit der Aufnahme Polens in die NATO 1999 gewann das Nordatlantische Bündnis das nach der ehemaligen UdSSR größte und militärstrategisch wichtigste Land des Warschauer Paktes. Gdynia wurde bedeutendster NATO-Marinestützpunkt im Baltikum.
Im Jahr 2003 sprach sich bei einem Referendum eine Mehrheit der Bevölkerung für den Beitritt zur Europäischen Union aus, im Mai 2004 wurde dieser vollzogen. Polen profitierte in der Folgezeit von hohen Subventionen der EU, Beträge in Milliardenhöhe flossen in Förderprojekte. Da die Ostgrenze des Landes nun zugleich Außengrenze der Union war, wurde sie mit modernster Technologie ausgerüstet.
Blickt man auf die polnische Innenpolitik, so spielten Linke und Linksliberale in den Jahren nach 2005 keine wichtige Rolle. Um die Macht stritten sich fortan vor allem die nationalkonservative PiS (»Recht und Gerechtigkeit«) und die konservativ-neoliberale PO (»Bürgerplattform«). Nach dem Tod des Präsidenten Lech Kaczyński (PiS) bei einem Flugzeugabsturz in Russland unterlag sein Zwillingsbruder Jarosław bei der Wahl um die Nachfolge dem Kandidaten der PO, Bronisław Komorowski. Als Konsequenz der globalen Wirtschaftskrise sind für die kommenden Jahre auch in Polen drastische Haushaltskürzungen und ein Abbau der Sozialausgaben zu erwarten.

Steckbrief Danzig

Danzig zählt knapp 460.000 Einwohner und ist mit Sopot und Gdynia zur so genannten ›Dreistadt‹ (Trójmiasto) verschmolzen. Diese erstreckt sich über 50 km entlang der Westseite der Danziger Bucht und zählt ca. 750.000 Einwohner. Jede Stadt ist unabhängig und hat ihr eigenes Erscheinungsbild.
Gdańsk ist der historische Kern, die meisten Behörden und Kultureinrichtungen sind hier vereint. Sopot macht sich als Seebad und Vergnügungsort, Gdynia als Hafen- und Geschäftszentrum einen Namen. Die Universität (gegr. 1970) erstreckt sich mit ihren Fakultäten über die gesamte Dreistadt, daneben gibt es Forschungsinstitute (u.a. für Meeresforschung) und eine Bibliothek der Polnischen Akademie der Wissenschaften. Die Danziger Werft wurde 1997 geschlossen.

Essen und Trinken

In Danzig und Umgebung wohnen heute Menschen aus allen Teilen Polens, darunter auch Umsiedler aus Masowien und der Gegend um Lemberg und Wilna. Unterschiedliche ethnische Gruppen haben der Landesküche Polens ihren Stempel aufgedrückt. Diese ist herzhaft und kalorienreich, schwelgt in Suppen und Soßen, Fleisch, Kartoffeln und Klößen. Der Einfluss der altdanziger und kaschubischen Küche ist nur noch schwach ausgeprägt.

Polnisch-pommersche Küche

Als Highlight polnischer Kochkunst gelten die **Suppen**. Am berühmtesten ist *Barszcz*, eine würzige Suppe aus fermentierter Roter Beete. Sie wird mit knusprigen Fleischkroketten (*z krokotkiem*) aufgetischt, oft auch mit gefüllten Teigtaschen, den so genannten Öhrchen (*z uszkami*). Im Frühjahr wird sie mit grünen Rübenblättern abgeschmeckt, im Sommer serviert man sie mit Sauermilch als Kaltschale (*Chłodnik*). Alternativ bietet sich *Żurek* an, eine Suppe aus angesäuertem Roggenmehl und Sahne, oft angereichert um ein hartes Ei oder eine gekochte Wurst. Lokale Besonderheiten sind die Kaschubische Kräutersuppe mit Steckrüben oder gedünstetem Kohl, eine Nuance feiner ist die Danziger Suppe mit kleingehackten Gurken, Kapern und Oliven. Wer im Herbst nach Polen kommt, sollte sich *Zupa grzybowa* nicht entgehen lassen. Die cremige Suppe mit eingerührten, köstlichen Steinpilzen gilt bei Kennern als beste der Welt!

Obwohl es sich im strengen Sinne um keine Suppe handelt, taucht *Bigos* auf polnischen Speisekarten ebenfalls in dieser Kategorie auf. Es handelt sich hierbei um ein altpolnisches Jägergericht aus gedünstetem Sauerkraut, Speck, Zwiebeln und Pilzen. Es wird mit Lorbeer und Kümmel gewürzt, durch die Beigabe von Paprika rot eingefärbt. Je öfter man es aufwärmt, desto besser entfaltet es seinen Geschmack.

Salate sind in traditionellen polnischen Restaurants Mangelware. Die klassische, eher bescheidene Beilage *Surówka* besteht aus kleingeraspeltem Sauerkraut, Roter Beete, Apfel und Möhre. *Mizeria* sind hauchdünn geschnittene, in Joghurt eingelegte Gurkenscheiben. Wer Saures mag, bestellt *Ogórki kiszone*: pikant marinierte Gurken, abgeschmeckt mit Dill oder Birkenblatt.

Ein Hauptgericht ohne Fleisch gilt den meisten Polen als Verstoß gegen die Esskultur. Schweinefleisch ist am beliebtesten und kommt in vielen Varianten auf den Tisch; lecker schmeckt z.B. Schnitzel in Jägersoße mit Honig und Rosinen (*Sos myśliwski*). Rinder stehen in Polen noch auf der Weide, werden nicht industriell gemästet – Kälber (*Cielęcina*) werden fast nur mit Milch gefüttert. Aus der Zeit, da der Adel in den Wäldern auf Jagd ging, erhielt sich die Tradition,

Kein Wunder, dass Sushi hoch im Kurs steht – die Ware kommt frisch aus der Ostsee

Reh und Hirsch, Fasan und Wildschwein zu servieren. Enten- oder Hasenbraten wird süßsauer gebeizt und mit geschmorten Äpfeln gefüllt. Die ›Danziger Ente‹ weist freilich eine Besonderheit auf: Sie wird nach alter Art mit Apfelsinenscheiben, Gemüse und einem Schuss Orangenlikör aufgetischt. Dieser Brauch geht auf das 17. Jahrhundert zurück, als in Danzig viele exotische Früchte eingeführt wurden, mit denen man die Gerichte ›veredelte‹.

Größter Beliebtheit erfreuen sich in Polen **Pierogi**. Aus ausgerolltem Weizenmehlteig werden runde Plätzchen gestochen, darauf wird eine Füllung gelegt. Anschließend wird das Plätzchen in Form eines Halbmonds verschlossen und in heißem Wasser gar gekocht. Am häufigsten isst man Pierogi *po ruskie* mit einer Füllung aus gebratenen Zwiebeln, weißem Käse und Kartoffeln; manchmal gibt es sie auch mit Sauerkraut und Pilzen. Wer eine süße Füllung bevorzugt, wählt Pierogi mit Blaubeeren, Pflaumen oder Erdbeeren. Zu den Pierogi bestellt man Saure Sahne (*Śmietana*) oder trinkt Kefir.

Speziell aus der pommerschen Küche ist **Fisch** (*Ryba*) nicht wegzudenken. Zu den Spezialitäten gehören frisch geräucherter Aal und gegrillter Lachs, Zander in Dill- und Karpfen in Braunbiersoße. Kaschubische Einwanderer sorgten dafür, dass Hering in der Danziger Küche einen festen Platz einnimmt. Es gibt ihn mit Pellkartoffeln, Zwiebeln und Gemüsesoße. In den 90er-Jahren war Polit-Hering der Renner: *á la*

Wałęsa hieß die mild-süße, *á la Kwaśniewski* die beißend scharfe Variante.

Als **Nachspeise** ist Süßes angesagt: Mürbekuchen mit Waldbeerkonfitüre, Käse-, Mohn- und Baumkuchen, mit Obst gefüllte Crępes. Wer Leichtes bevorzugt, wählt Kirschen- und Pflaumenkompott, im Frühsommer vielleicht auch eine Schale frischer Blaubeeren (*Jagody*), Himbeeren (*Maliny*) oder Wilderdbeeren (*Poziomki*) - auf Wunsch mit Schlagsahne.

Die Polen trinken zu fast allen Mahlzeiten **Bier**. Auch in Danzig ist es ist seit dem Mittelalter das beliebteste Getränk. Hier gab es pechschwarzes und braunes, reines und gewürztes, Mumme und Krolling, aber auch das extrem starke, zähflüssige Jopenbier. Dessen Qualität prüften die kaschubischen Fischer auf besonders originelle Art: »Da beginnen sie ihre Kneipengelage jedes Mal damit, dass sie den ersten Maßkrug auf der hölzernen Bank ausgießen. Wenn sie nach einer Weile aufstehen und die an ihren Hinterteilen klebende Bank sich mit ihnen erhebt, dann ist das das beste Zeichen dafür, dass das Bier ihrer Gaumen würdig ist.« (Jerzy Samp) Die bekannteste heutige Brauerei Danzigs ist nach dem Astronomen Hevelius benannt, der, wie man weiß, sein Geld als Brauer verdiente. Mehrere Sorten bietet sie an, darunter das leicht bittere, aromatische ›Hevelius‹, das pasteurisierte ›Gdańskie‹ (Danziger) und das starke ›Kaper‹ (Freibeuter).

Der in Nobelrestaurants bevorzugte **Wein** wird nicht in Polen hergestellt, sondern ist importiert und in der Regel sehr teuer. Überzogen sind auch die Preise für Aperitifs, Cognac und Weinbrand. Zur Verdauung geeignet ist **Wodka**, das Klassen übergreifende Nationalgetränk.

Ehrung an den gelernten Brauer: Hevelius-Bier aus Danzig

Danzig lässt es sich nicht nehmen, der Vielzahl bestehender Wodka-Sorten ein paar weitere hinzuzufügen. Die Firma Polmos Starogard bietet das hochprozentige Wässerchen ›Dwór Artusa‹ (Artushof) und ›Gdańska‹ (Danziger) in dekorativen, souvenirträchtigen Flaschen.

Kaffee rundet auch in Polen die Mahlzeit ab - freilich nur noch selten *po turecku* (auf türkische Art), was bedeutete, dass der Kaffee nicht gefiltert, sondern mit heißem Wasser übergossen war. Heute wählt man in der Regel einen Espresso oder Kaffee mit Milch, der Cappuccino hat statt einer Milch- meist eine Sahnehaube. Als Spezialität gilt *Kawa po staropolsku*, Kaffee auf altpolnische Art mit Brandy, Zimt und Sahne.

Danziger Spezialität: Goldwasser

Zum Abschluss einer Mahlzeit empfiehlt sich ein Gläschen Goldwasser. Dabei handelt es sich um einen klaren und nicht sehr süßen Likör, auf dessen Grund Flitter von 22-karätigem Rauchgold schwimmen. Manch einer traut sich nicht, das Edelmetall hinunterzuschlürfen oder weigert sich, das kostbare Gold zu verschleudern und wickelt es lieber im Taschentuch ein. Doch zu einem richtigen Danziger Mahl gehört auch die Geste der Verschwendung. Dies war schon 1598 nicht anders, als der aus Flandern eingewanderte Ambrosius Vermoellen das besagte ›Wässerchen‹ erfand. Er wählte kostbare, exotische Gewürze, die es nur in einer Handelsstadt wie Danzig gab: Macis und Pomeranzenschalen, Kardamon, Koriander und Wacholderbeeren, dazu milder Anisschnaps. Dem beigemischten Gold wird magische Wirkung zuerkannt: Seine geheimen Kräfte, so lobte Vermoellen sein »beschwingendes Getränk«, übertrügen sich beim Trinken auf den Menschen. Von 1708 bis 1945 wurde das Goldwasser im Haus ›Zum Lachs‹ (ul. Szeroka 54) hergestellt, wo heute eines der besten Danziger Restaurants zum Besuch einlädt. Der originale, nach einem Geheimrezept hergestellte Likör wird aus Nörten-Hardenberg importiert.

Goldwasser

Feste und Veranstaltungen

Januar

In der Silvesternacht findet am Langen Markt ein großes Feuerwerk statt. Sektflaschen werden entkorkt, um den Beginn des Neuen Jahres zu feiern.
Am 6. Januar, dem **Tag der Heiligen drei Könige**, ziehen singende Kinder mit Bildern und einer kleinen Weihnachtskrippe von Tür zu Tür.

Februar

Am letzten Dienstag der Karnevalszeit finden Konzerte und Bälle statt.

März

Am 21. März, dem ersten Frühlingstag, ziehen junge Leute in Kostümen durch die Stadt und feiern den Abschied vom Winter.
Alljährlich im März findet in Danzig die **Bernsteinmesse Amberif** statt.

März/April

Am **Ostersonntag** wird die Auferstehung Christi mit einer Messe und einer großen Prozession gefeiert. Schon eine Woche zuvor, am Palmsonntag, werden Weidenkätzchen in den Kirchen geweiht: Sie symbolisieren die Palmenzweige, die zur Begrüßung Christi bei seinem Einzug in Jerusalem geschwenkt wurden.
Ostermontag ist der ›Śmingus-Dingus-Tag‹. In den Familien werden die Häupter mit Wasser benetzt - ein symbolisches Abstreifen der Sünden. Heftiger geht es auf den Straßen zu: Jugendliche bespritzen Passanten aus Wasserkübeln.

April

Das Gitarrenfestival wird voraussichtlich auch in den kommenden Jahren durchgeführt. Es findet mit internationaler Besetzung in Danzig statt und wird von einem reichhaltigen Kulturprogramm begleitet.
Beim Shanty-Festival in Wejherowo (Neustadt) werden die besten polnischen Chöre prämiert.

Juni

Am 29. Juni, dem Tag des Hl. Peter, des Schutzheiligen der Fischer, stechen in Puck bunt bewimpelte Kutter in See. An Bord eines Schiffes befindet sich das Bildnis der festlich geschmückten Madonna. Sobald die Prozession auf Boote von der Halbinsel trifft, zelebriert mitten auf dem Meer der Danziger Bischof eine Messe zu Ehren der Fischer. Nach Rückkehr aller Kutter wird auf dem Marktplatz bis tief in die Nacht gefeiert.
Am arbeitsfreien Fronleichnamstag werden in allen Kirchen Messen abgehalten, danach starten farbenprächtige Prozessionen.
In der letzten Juniwoche werden wie in anderen Städten der Ostsee auch in der Dreistadt die **Tage des Meeres** gefeiert. Veranstaltungen finden am Ufer der Mottlau, auf dem Fischmarkt (Targ Rybny) und auf der Insel Ołowianka statt,

im Hafen kann man Schulschiffe und Schiffe der Kriegsmarine kennen lernen. In Gdynia trifft man sich zu Konzerten auf dem Steinberg (Kamienna Góra) und auf dem Seesteg, Rockmusik gibt es am Strand und auf dem Skwer Kościuszki.

Gleichfalls am Monatsende findet in Wejherowo (Neustadt) ein dreitägiger **Jahrmarkt** statt.

Juli

Ausgelassene Stimmung herrscht eine Woche lang beim **Internationalen Straßentheaterfestival** (FETA):

Aus aller Welt kommen Straßenmusiker und Jongleure, Clowns und Akrobaten; sie geben ihr Können zum Besten und fordern die Passanten zum Mitspielen auf. Langer Markt und Kohlenmarkt verwandeln sich abends in große Bühnen, stets mit von der Partie ist das ›Danziger Traumtheater‹.

Das **Neptun Shanties Festival** lädt bei freiem Eintritt zu Konzerten auf dem Langen Markt ein – meist am 2. oder 3. Wochenende im Juli. Infos: www.szantypodzurawiem.pl.

Heineken Open'er Festival: Das viertägige Pop & Rock-Fest auf einem Flughafengelände bei Gdynia ist ein Top-Event. Die Sunday Times rühmte den Open'er als »bestes ausländisches Festival«. Infos: www.opener.pl.

Juli/August

Musica Sacra: In den schönsten Kirchen der Dreistadt, meist in der Danziger Johanniskirche, werden Chor- und Kammerkonzerte mit internationaler Besetzung aufgeführt.

Internationales Festival der Orgelmusik: Seit über 40 Jahren ein Magnet für Musikliebhaber aus der ganzen Welt sind die Konzerte in der Kathedrale von Oliwa. Internationale Meister entlocken einer riesigen, mit Rokokogirlan-

Straßentheater vor dem Artushof …

... und vor dem Rechtstädtischen Rathaus

den und Engeln geschmückten Orgel Tonfolgen von großer Klangintensität. Die Konzerte finden in der Regel Dienstag und Freitag um 20 Uhr statt.

Den ganzen Sommer über finden in Sopot Festivals statt: am bekanntesten das **Schlagerfestival** in der Waldoper, das **Rock-Festival** und ein **Jazz-Wochenende** auf dem Seesteg, daneben das **Festival für klassische Musik** und die beliebten **Theaterbegegnungen** mit Ensembles aus ganz Polen.

Vom Jachthafen starten Schiffe zu einer **Wettfahrt in der Danziger Bucht**; alle paar Jahre ist die Dreistadt Austragungsort einer großen **Regatta** (*Baltic Sail*), zu der Hunderte von Jachten aus aller Welt eintreffen. Infos: www.balticsail.pl.

August

Wichtigstes Fest des Jahres ist der **Dominikanermarkt** (Jarmark Dominikański) in den ersten drei Wochen im August. Er geht auf das Jahr 1260 zurück, als Papst Alexander IV. dem Danziger Dominikanerorden das Ablassprivileg erteilte. Eröffnet wird der Markt mit dem symbolischen Einzug des polnischen Königs und seines Hofstaats - eine Prozession in historischen Kostümen, begleitet von Trompetenfanfaren vom Turm des Rathauses. In der gesamten Rechtstadt, besonders aber auf dem Königsweg und der Frauengasse, an der Uferpromenade und auf dem Fischmarkt, werden an zahllosen Ständen Bernstein, Antiquitäten, Bücher u.v.m. verkauft. Parallel dazu gibt es viele Veranstaltungen, darunter Ritterturniere, Shanty-Gesänge und eine Segelregatta; ein großes nächtliches Fest am Grünen Tor schließt den Dominikanermarkt ab.

Shakespeare-Festival: Eine Woche lang treten Ensembles

aus west- und osteuropäischen Ländern auf, meist ist auch eine Gruppe aus den USA oder Kanada dabei. Beliebte Aufführungsorte sind die Baltische Oper und das Stadttheater Wybrzece, die Johanniskirche sowie das Musiktheater in Gdynia. Infos: www.festiwalszekspirowski.pl.
Sopot Molo Jazz Festival: Verstreut über den gesamten Monat gibt es kostenlose Konzerte, nur für den Gang auf den Pier muss man zahlen.
Ende August lädt Danzig zu einem **Festival des modernen Tanzes** ein, Malbork zu **Burgfestspielen** mit Ritterturnieren und Volkstanzabenden in historischen Kostümen.
In Stegna (35 km östlich von Danzig) wird die **Weltmeisterschaft im Bernsteinsammeln** ausgetragen.

September/Oktober

Anfang September beginnt die neue Konzert- und Schauspielsaison, im Miniaturtheater (Teatr Miniatura) finden die **Polnischen Kleinkunsttage** statt. Filme aus einheimischer Produktion stehen im Mittelpunkt der **Filmfestspiele** von Gdynia.

November

Am Abend des 1. November (Allerheiligen) pilgern zahllose Danziger Bürger zu den Friedhöfen, die sich in ein leuchtendes Kerzenmeer verwandeln.

Dezember

Wichtigster Festtag ist auch in Polen **Heiligabend**. Viele polnische Familien halten die Tradition aufrecht, ein Gedeck zuviel aufzutischen: Der unverhofft anklopfende Gast soll am Weihnachtsschmaus teilhaben können. Das Menü besteht aus zwölf Gängen, beinhaltet Pilz- oder Rotebeetesuppe, gebratenen Karpfen, gefüllte Kohlrouladen, hausgemachte Nudeln mit süßer Sauce, Kompott und eine Vielzahl kleiner Kuchenstücke. Kurz vor Mitternacht pilgert die gesamte Familie in die Kirche. Messen werden in allen Kirchen der Stadt auch am 25. und 26. Dezember abgehalten.

Feiertage auf einen Blick

1. Januar	Neujahr
März/April	Ostern (So/Mo)
1. Mai	Tag der Arbeit
3. Mai	Tag der Verfassung
Juni	Fronleichnam
15. August	Mariä Himmelfahrt
1. November	Allerheiligen
11.November	Tag der Unabhängigkeit
25./26.Dezember	Weihnachten

Danzig erleben

Seit es restauriert ist, zählt Danzig (Gdańsk) wieder zu den schönsten Städten Europas. Sein historisches Zentrum besteht aus mehreren Vierteln, die einstmals getrennte Städte bildeten. Mit der Zeit wuchsen sie zusammen, doch noch heute spürt man ihren spezifischen, jeweils eigenen Charakter.

Das Herz Danzigs ist die Rechtstadt, in der die wohlhabenden, vorwiegend deutschen Kaufleute residierten. Hier gibt es so viele bedeutende Bauten, dass man sich allein für dieses Viertel einen vollen Tag freihalten sollte. Alle ostwärts verlaufenden Gassen sind durch ein Tor von der Mottlau geschützt, an deren Ufer

man wunderbar flanieren kann. Dort gibt es auch eine Fülle von Cafés und Restaurants, Bernsteinläden und Boutiquen. An die Rechtstadt grenzt im Norden die früher von Slawen bewohnte Altstadt, im Süden die Alte Vorstadt mit dem Nationalmuseum. Auf der Speicherinsel sind bisher erst wenige Lagerhäuser restauriert, da lohnt schon eher ein Ausflug nach Oliva, wo ein altes Zisterzienserkloster die Besucher inmitten eines herrlichen Parks erwartet. Noch weiter nördlich liegen das traditionsreiche Seebad Zoppot (Sopot) und die Hafen- und Handelsstadt Gdingen (Gdynia), mit denen Danzig zur Dreistadt zusammengewachsen ist.

Südliche Rechtstadt

Der Königsweg, über den einst Polens Monarchen in die Stadt einzogen, führt vom Hohen Tor über die Langgasse und den Langen Markt zum Grünen Tor an der Mottlau. Das **Hohe Tor**, das mit seinen wuchtigen Säulen an einen Triumphbogen erinnert, steht auch am Anfang der hier vorgestellten Tour durch die Südliche Rechtstadt. Links prangt das königlich-preußische Wappen, rechts das von Danzig und in der Mitte das von Polen. Über dem von Engeln gehaltenen polnischen Adler verkündet ein Schriftzug: *Iustitia et pietas duo sunt regnorum omnium fundamenta* (Gerechtigkeit und Frömmigkeit bilden das Fundament aller Herrschaft). Über dem Fries halten vier Löwen Wache - sie symbolisieren die Kraft und Stärke der Stadt. Als der flämische Bildhauer Willem van den Blocke das Tor 1588 gestaltete, war es von einem mächtigen Erdwall gesäumt, eine Zugbrücke spannte sich über einen Wassergraben - feindliche Heere hatten keine Chance einzudringen.

Hohes Tor (Brama Wyżynna), Wały Jagiellońskie.

Installation vor den Toren der Rechtstadt (Autor: Ludwik Ogorzolec)

Der sich anschließende Torkomplex besteht aus dem gotischen **Stockturm** und der **Peinkammer**, die durch dicke Mauern verbunden sind. In dem Stockturm befand sich von 1604 bis 1861 das Stadtgefängnis, in den finsteren Löchern der Peinkammer wurde gefoltert. Bis Anfang des 21. Jh. konnte man sich hier jene grausamen Instrumente anschauen, mit denen Gefangenen im Mittelalter Geständnisse abgetrotzt wurden. Man sah die dunklen Zellen, in die sie eingesperrt waren, ihre in die Mauern gekratzten Zeichnungen und die Stahlstange, an die sie gekettet wurden. Auswärtige Straftäter wurden in der Regel vor dem Stockturm enthauptet, Missetäter aus Danzig vor dem Artushof, wo es mehr Leute gab, die das Spektakel beklatschen konnten. Heute ist der leicht bewachbare Stockturm einer neuen Bestimmung zugeführt: Im **Bernsteinmuseum** (Muzeum Bursztynu) dürfen sich die Besucher an den Schätzen des Danziger

Das Goldene Tor

Goldes erfreuen: Man erlebt Bernsteinkunst und Schmuck in vielen Facetten, mehr als 4000 Exponate sind ausgestellt, darunter auch in Bernstein eingeschlossene Pflanzen und Tiere.

Bernsteinmuseum Danzig im Stockturm (Muzeum Bursztynu), Targ Węglowy 26, www.mhmg.gda.pl, Di 10–15, Mi–Sa 10–16, So 11–16 Uhr, Eintritt 2,50 €

Den Gegenpol zur backsteinernen Düsternis des Mittelalters bildet das **Goldene Tor**, das Abraham van den Blocke in den Jahren 1612–14 schuf. Mit seinen vielen Rundbögen wirkt es luftig und elegant, schlanke Säulen streben nach oben, golden glänzt der plastische Zierrat. Auch die acht das Tor krönenden Allegorien verkörpern eher die lichte Seite von Herrschaft. Dem Besucher strahlen Frieden und Freiheit, Reichtum und Ruhm entgegen, an der Ostseite sind es Weisheit und Frömmigkeit, Gerechtigkeit und Eintracht. Die in lateinischer und deutscher Sprache verfassten Inschriften setzen die moralische Belehrung fort: *»Concordia res publicae parvae crescunt – discordia magnae concidunt«* (Durch Eintracht werden kleine Staaten groß, an Zwietracht gehen die großen zu Grunde). Ergänzend dazu ein Zitat aus Psalm 122: »Es möge wohl gehen denen, die dich lieben! Es möge Friede sein in deinen Mauern und Glück in deinen Palästen!«

Goldenes Tor (Złota Brama),
Targ Węglowy / ul. Długa.

Bevor man sich dem Menschenstrom der Langgasse überlässt, lohnt noch ein Blick links hinüber zur **Georgshalle** (Dwór Bractwa św. Jerzego), wo jahrhundertelang der älteste und exklusivste Männerclub Danzigs, die »St.-Georgen-Schützenbruderschaft« Feste feierte. 1494 wurde die Halle fertig gestellt; mit ihrer gezinnten Balustrade und einem Türmchen, auf dessen Spitze der Drachen tötende Heilige thront (1566), stellt es ein gelungenes Beispiel für den vom flämischen Manierismus beeinflussten Architekturstil dar. Im 19. Jahrhundert war hier eine Kunstschule untergebracht, heute tagt in dem Haus der polnische Architektenverband.

Georgshalle (Dwór Bractwa św. Jerzego),
Targ Węglowy 27.

In der malerischen **Langgasse** (ul. Długa), einer der ältesten Straßen der Stadt, wohnten die Danziger Patrizier, Kaufleute und hohe Würdenträger. Auf 400 m Länge reihen sich zumeist schmale, aber hoch aufschießende Bauten aneinander – mit reich verzierten Giebeln oder Attiken. Da sieht

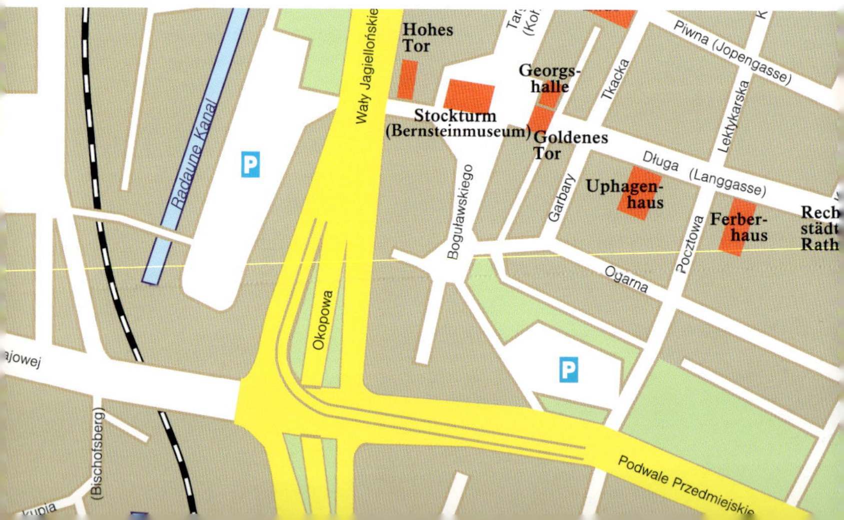

man Wappen und Tiermotive, allegorische Figuren und antike Helden.

Langgasse (ul. Długa):
Vom Goldenen Tor und der Georgshalle kommend, steigen die Nummern rechts von 1 bis 46 an, links fallen sie von 83 bis 47.

Auf den ersten Blick nicht besonders auffällig ist das **Uphagenhaus** (Nr. 12). Johann Wilhelm Uphagen, ein flämischer Ratsherr, erwarb es 1775 und ließ es vom Architekten Benjamin Dreyer im Rokoko-Stil umbauen. Heute wird es, wie schon einmal nach 1910, als ›Museum bürgerlicher Wohnkultur‹ genutzt. Frau Ewa Szymańska, Kustodin des neuen Museums, erklärt: »Die Menschen lieben es, in fremde Häuser zu sehen. Es interessiert sie, wie ihre Vorfahren aßen, schliefen, wohnten. Hier können sie ihre Neugier befriedigen.«
Es sind die reichen Vorfahren, deren Alltag sich die Besucher ausmalen dürfen. Von der in gold-braunen Tönen gehaltenen Diele führt eine breite Treppe in den ersten Stock, vom Salon und Esszimmer kommt man zu den Seitenflügeln mit Leseraum, Rauch- und Musikzimmer. Der Kunsthistoriker Hans Sedlmayer nannte das Haus ein »Gesamtkunstwerk im Stil des Rokoko«. In den Räumen dieser privaten Enklave ist alles vortrefflich aufeinander abgestimmt. So im fernöstlich inspirierten Teezimmer mit seinen Pagoden und exotischen Landschaftsbildern – oder im Musikzimmer mit den durch Instrumente verzierten Stuckarbeiten, dem Harfe spielenden König David oder den Bildern über dem Kamin, Ariona mit der Kithara und Orpheus mit der Leier. Der Wiederaufbau des Hauses erfolgte mit finanzieller Unterstützung der Stiftung für deutsch-polnische Zusammenarbeit. Die perfekte Rekonstruktion war dank der Fotos von 1944 möglich, die sich im Marburger Herder-Archiv

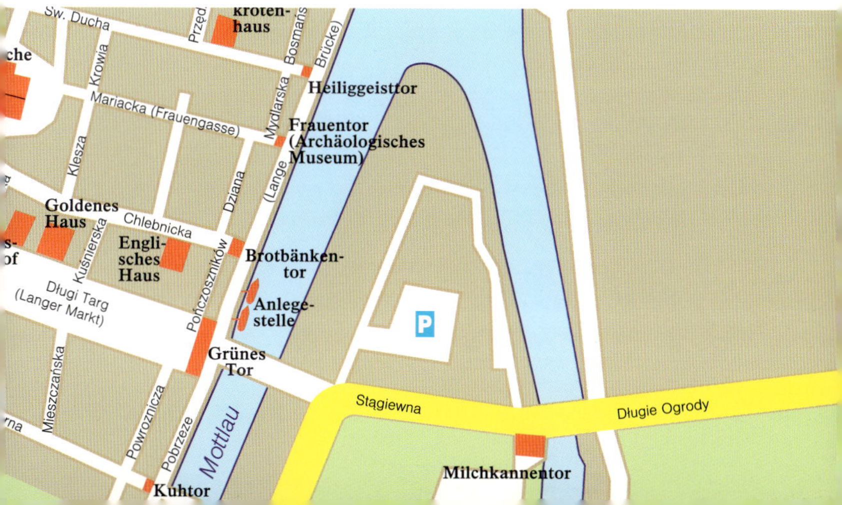

Blick ins Glockenspiel des Rathauses

befanden und auf denen die Innenausstattung genauestens dokumentiert war. Die steinernen Fußböden sind aus dem gleichen schwedischen Dolomitgestein hergestellt, das schon vor Jahrhunderten die Danziger Böden schmückte. Die Mehrzahl der Gegenstände stammt aus den Beständen von Antiquitätenhändlern, so die englische Uhr aus dem 18. Jahrhundert und die Vitrine im kleinen Esszimmer, die Sammlung von Berliner und Meißener Porzellan sowie das Küchengeschirr.

Uphagenhaus (Dom Uphagena), ul. Długa 12, www.mhmg.gda.pl, Di 10–15, Mi–Sa 10–18, So 11–16 Uhr, länger geöffnet Juli/Aug., Eintritt 2,50 €.

Vorbei an der **Post**, die mit ihrem blauen Glasgewölbe und dem dunklen Holzinventar wie ein schummriger Tempel wirkt, gelangt man zum **Ferber-Haus**, das 1560 im Stil der italienischen Renaissance errichtet wurde. Den einflussreichen ›Ferbers‹, die hier fast 300 Jahre lebten, gelang es, insgesamt fünf Bürgermeister zu stellen; zwei Söhne wurden Danziger Stadtpfarrer und einer stieg auf zum Bischof von Ermland (Warmia). Auf Grund eines Reliefs über dem Portal, auf dem die Vertreibung aus dem Paradies dargestellt ist, sprechen die Danziger gern auch vom ›Adam-und-Eva-Haus‹.

Post (Poczta), ul. Długa 22–27.
Ferber-Haus (Dom Ferberów), ul. Długa 28.

Auch die folgenden Häuser zur Rechten sind einen Blick wert, so das ›Schirenberghaus‹ mit der barocken, von Kaiserköpfen geschmückten Fassade (Nr. 29), das ›Löwenschloss‹ mit dem von zwei Raubtieren bewachten Portal (Nr. 35) und bald darauf der mit griechischen Statuen geschmückte Renaissancebau, in dem die Familie des Komponisten Robert Schumann gewohnt hat (Nr. 45, heute Touristeninformation).
Am Ende der Langgasse – und somit genau in der Mitte des Königswegs – prunkt das **Rechtstädtische Rathaus**, schon von weitem erkennbar am schlanken, 81 m hoch aufschießenden Turm. Auf seiner Spitze thront die vergoldete und lebensgroße Figur von König Zygmunt August II., dem die Stadt viele ihrer Privilegien verdankte. Doch interessanterweise steht nicht er an oberster Stelle: über seinem Haupt schwebt eine Kogge, das

Großes Zeughaus –
Prachtwerk des Barock

Symbol städtischer See- und Handelsfreiheit. Johann Moor schuf das Carillon mit 14 Glocken, Anton Glaser die Sonnenuhr mit der Aufschrift *Umbra sunt dies nostri* (Unsere Tage sind nichts als Schatten). Mit dem Bau des später mehrfach umgestalteten Rathauses wurde 1327 begonnen. Nach dem Brand von 1556 ließ die mittlerweile reich gewordene Stadt die Chance nicht ungenutzt, sich prächtiger denn je in Szene zu setzen. *Nec temere nec timide* (Weder verwegen noch feige) - die Devise der Ratsherren spiegelt sich im neuen Eingangsportal mit dem von zwei Löwen gehaltenen Danziger Wappen, in den Attiken und Ecktürmchen. Dazu erhielt das Rathaus eine kostbare Inneneinrichtung, die in Nordeuropa ihresgleichen sucht. 1970 konnte das im Krieg vollständig ausgebrannte und anschließend rekonstruierte Haus mit einem **Museum der Stadtgeschichte** wiedereröffnet werden. In der Vorhalle wird dem polnischen König Jan III. Sobieski gehuldigt. Auf dem Deckengemälde ist sein Einzug in die Stadt 1677 dargestellt; sechs Jahre später schlug er bei Wien das vorrückende osma-

Der Rote Saal im Rechtstädtischen Rathaus (unten) und das Stadtwappen auf dem Prunkkamin (rechte Seite)

nische Heer und ließ sich darauf als ›Befreier des Abendlandes‹ feiern. Blickfang der Halle ist eine reich geschnitzte Wendeltreppe, die an einer Galerie vorbei in die ober Stockwerke führt. Schönster aller Räume ist der üppig dekorierte ›Rote Saal‹, der seinen Namen dem roten, die Wände und Bänke bespannenden Damast verdankt und mit den originalen Ausstattungsgegenständen geschmückt ist: Sie wurden rechtzeitig vor 1945 ausgelagert und danach erfolgreich wieder zusammengestellt. Vor allem niederländische Künstler haben hier ihre Spuren hinterlassen. Willem van der Meer schuf den vergoldeten, von zwei antiken Figuren gestützten Kamin. Die von Hans Vredemann de Vries gemalten Wandbilder werden durch lateinische Inschriften näher erläutert. Die einzelnen Gemälde stellen Tugenden und Laster dar, appellieren an die Ratsherren, sich stets für das Gute auszusprechen. Isaak van den Blocke, Dritter im Bunde, ist für die Deckenbilder verantwortlich: Darstellungen aus der Antike und der Mythologie, aber auch der Danziger Geschichte. Die Handelsstadt, so die Aussage der zentralen Allegorie, verdankt ihren Wohlstand ihrer großartigen Lage an der Weichselmündung. Gott gewährt den Bürgern Schutz, seine Hände umgreifen die Spitze des Rathausturms. Daneben schwebt ein weißer polnischer Adler. Unterhalb des Triumphbogens sieht man die Danziger Bevölkerung, Kaufleute aus benachbarten Ländern, Adlige und Flößer.

Vom Roten Saal geht es durch eine kleine, mit Intarsien verzierte Tür zur ›Winter-Ratsstube‹, die dem Bürgermeister als Arbeitsraum diente. In der ›Kleinen Wettstube‹ (Kaminsaal) plante man die Umsetzung der Ratsbeschlüsse, in der ›Großen Wettstube‹ (Weißer Saal) fanden Versammlungen der Ratsherren, Gerichtsverhandlungen und Königs-Audienzen statt. Der Vollständigkeit halber sei auch der Christoph-Saal erwähnt: eine ehemalige Kapelle mit Resten spätgotischer Fresken aus dem 15. Jahrhundert.

Im zweiten Obergeschoss lohnt vor allem ein Blick in die ›Kämmerei‹, den Saal der Stadtkasse. Zu den wenigen hier geretteten Bildern gehört Anton Möllers *Zinsgroschen* von 1601. Der Maler hat die neutestamentarische Szene auf dem Langen Markt angesiedelt: In Sichtweite von Jesus stehen Danziger Ratsherren mit schwarzer Robe und steifer Halskrause. Zum Abschluss empfiehlt sich der Aufstieg zum Rathausturm, von dem sich ein herrlicher Blick über die Gassen der Rechtstadt bietet.

Rechtstädtisches Rathaus (Ratusz Głównego Miasta) & Museum für Stadtgeschichte (Muzeum Historii Miasta Gdanska), ul. Długa 46/47, www.mhmg.gda.pl, Di 10–15, Mi–Sa 10–16, So 11–16 Uhr, länger geöffnet Juli/Aug., Eintritt 2,50 €.

Die Langgasse weitet sich nun zum **Langen Markt** (Długi Targ), auf dem sich der Königsweg zur Mottlau hin verlängert. Hier, im Zentrum der Rechtstadt, herrscht vor allem in den Sommermonaten lebhaftes Treiben. Touristengruppen umlagern den Artushof und das Goldene Haus, lassen sich ablichten vor dem Meeresgott Neptun. Wer hier ein Lokal besitzt, macht mit Sicherheit prächtige Umsätze. Besonders stürmisch geht es im August zu, wenn der Dominikanermarkt stattfindet. Der Lange Markt verwandelt sich dann für zwei Wochen in einen riesigen Vergnügungsplatz, auf dem Straßentheater aus allen Ecken der Welt gastieren. Dass dies keine neue Erscheinung ist, beweist ein Dokument aus der Zeit um 1650. Darin heißt es: »Kein Tag verging ohne ein öffentliches Schauspiel auf dem Langen Markt; einmal war es das Mastklettern, vorgeführt von geschickten Seeleuten, ein anderes Mal waren es derbe und aufregende Speerkämpfe der Fleischer. Die Kürschner tanzten einen mauretanischen Tanz, die Schiffszimmerer wirbelten ihre Äxte durch die Luft. Besonders beliebt waren auch große Feuerwerke, für die eigens pyrotechnische Maschinen konstruiert wurden.«

Im Rathaus machten die reichen Kaufleute Politik, nebenan im **Artushof** besiegelten sie gute Geschäfte mit einem Krug Bier oder – wie der legendäre König Artus – mit einer festlichen Tafel. Der ›Salon‹ der Kaufmannsgilde ist das größte und mit seiner hel-

Bummel in der Rechtstadt

len, von riesigen Fenstern durchschnittenen Fassade das zugleich schönste Haus am Platz. Um 1480 wurde es erbaut, dann im Stil der Renaissance und des Manierismus mehrfach umgestaltet. Links vom Haupteingang reckt der geflügelte Merkur, Patron der Kaufleute, seinen Arm empor – eine Anspielung auf die reiselustige, auf allen Meeren der Welt sich tummelnde Zunft. Am Portal über dem Eingang befinden sich zwei Medaillons: Das eine zeigt den Wasa-König Zygmunt III., das andere seinen Thronfolger Władysław IV., hinter dem ein Teufel spöttisch die Zähne bleckt – warum das böse Omen dort angebracht wurde, kann niemand erklären. Zwischen den großen Fenstern stehen die Figuren vier antiker Machthaber, denen ihr bedingungsloser Patriotismus gemeinsam ist. Ganz oben auf dem Dach thront Fortuna, die Göttin

Langer Markt mit Artushof (Mitte) und Neptunbrunnen

des Glücks und des Überflusses. Hinter der Fassade verbirgt sich ein einziger Saal – der aber ist so elegant, dass er jeden anderen Raum Danzigs in den Schatten stellt. In seiner gesamten Länge und Breite wird er von Fächergewölben überspannt, die von vier schlanken Granitpfeilern getragen werden. Diese stammen aus der Burg des Deutschen Ordens, die die Rechtstädter 1454 stürmten und zerstörten: eine knallharte Mahnung an die Adresse aller zukünftigen machthungrigen Herrscher, die die »Freie Stadt« würden unterwerfen wollen. Den reichen Patriziern diente der Saal als repräsentativer Rahmen für Feste, Bälle und Konzerte, ab 1742 auch als Börse. Heute steht er Touristengruppen offen – es sei denn, es steht die Verleihung einer Ehrenbürgerwürde an. Ausgezeichnet wurden in den vergangenen Jahren unter anderem der

Schriftsteller Günter Grass und die Ex-Präsidenten Lech Wałęsa, George Bush und Richard von Weizsäcker.
Die gleichmäßig nach oben strebenden Bögen verleihen dem Saal eine heiter-entrückte Atmosphäre, wie man sie eher von Kirchen als von weltlichen Gebäuden kennt. Zum beschwingten Eindruck tragen die durch den Raum schwebenden Schiffsmodelle bei; an unsichtbaren Fäden hängen sie von der Decke, mit geblähten Segeln steuern sie ein imaginäres Ziel an. Besondere Aufmerksamkeit erregt der zwölf Meter hohe Kachelofen: Im Jahr 1545 wurde er erschaffen und reicht fast ans Gewölbe heran – welche Mühe muss es bereitet haben, ihn aus der Vielzahl von Scherben und Splittern wieder zusammenzufügen! Die handbemalten Kacheln – 520 an der Zahl – zeigen eine bunte Mischung von Königsporträts und Wappen, Sternbildern und Tugendsymbolen. Auch ein Spaßvogel ist dabei: Der Schelm entblößt sein Hinterteil und betrachtet es wohlgefällig im Spiegel. Er taugte gut dazu, einen unliebsamen Gast Spott und schallendem Gelächter auszusetzen. Denn folgte er der Aufforderung, den Umfang des Ofens mit seinen Armen zu schätzen, berührten seine Lippen zwangsläufig den Hintern des Schelms.
Gleich neben dem Ofen war der Schanktisch postiert, über den Unmengen von Bier gereicht wurden: das edle, zähflüssige Jopenbier, das starke Danziger

Deutsche Inschrift am Goldenen Haus

E.T.A. Hoffmann im Artushof

Im Artushof – schöne Details überall

»In den Mittagsstunden wogte drängend und treibend der Handel den mit Menschen der verschiedensten Nationen gefüllten Saal auf und ab, und ein verwirrtes Getöse betäubte die Ohren. Aber waren die Börsenstunden vorüber, wenn die Handelsherren bei Tische saßen und nur Einzelne geschäftig durch den Saal, der als Durchgang zwei Straßen verbindet, liefen, dann besuchtest Du, günstiger Leser, den Artushof wohl am liebsten. Nun schlich ein magisches Helldunkel durch die trüben Fenster; all das seltsame Bild- und Schnitzwerk, womit die Wände überreich verziert, wurde rege und lebendig. Hirsche mit ungeheuren Geweihen, andere wunderliche Tiere schauten mit glühenden Augen auf Dich herab - Du mochtest sie kaum ansehen; auch wurde Dir, je mehr die Dämmerung eintrat, das marmorne Königsbild in der Mitte nur desto schauerlicher. Das große Gemälde, auf dem alle Tugenden und Laster versammelt mit beigeschriebenen Namen, verlor merklich von der Moral; denn schon schwammen die Tugenden unkenntlich hoch im grauen Nebel, und die Laster, gar wunderschöne Frauen in bunten schimmernden Kleidern, traten recht verführerisch hervor und wollten Dich verlocken mit süßem Gelispel. Du wandtest den Blick lieber auf den schmalen Streif, der beinahe rings um den Saal geht, und auf dem sehr anmutig lange Züge bunt gekleideter Miliz aus alter reichsstädtischer Zeit abgebildet sind. Ehrsame Bürgermeister mit klugen bedeutsamen Gesichtern reiten voran auf mutigen schön geputzten Rossen, und die Trommelschläger, die Pfeifer, die Hellebadirer schreiten so keck und lebendig daher, daß Du bald die lustige Soldatenmusik vernimmst und glaubst, sie werden nun alle gleich zu jenem großen Fenster dort hinaus auf den Langen Markt ziehen.«

Detail des Neptunbrunnens auf dem Langen Markt

und der Doppelbock. Das erheblich billigere Tafelbier wurde im Ratskeller unterm Artushof ausgeschenkt, zu dem auch weniger wohlhabende Bürger Zugang hatten. Literaten nannten sie die »gemütlichste Kneipe der Welt«.

Artushof (Dwór Artusa), Długi Targ 44, Di–Sa 10–16, So 11–16 Uhr, länger geöffnet Juli/Aug, Eintritt 2,50 €.

Mit dem Artushof ist die **Danziger Diele**, das ehemalige Schöffenhaus verbunden. Ab 1712 fanden hier Gerichtsverhandlungen statt, worauf eine auf dem Giebel postierte Frauenfigur mit Waage und Schwert hinweist. Ab 1901 war in der ›Diele‹ eine Sammlung von Kunst und Gewerbe aus Danziger Werkstätten ausgestellt, die im Krieg allerdings verloren ging. Seit 1998 kann man den Raum wieder betreten: Mit geschnitzter Wendeltreppe und Kamin, farbig bemalter Decke und Schiffsmodellen wird den Besuchern ein weiteres Mal vor Augen geführt, wie prächtig Danziger Patrizier einst lebten.

Danziger Diele (Sień Gdańska), Długi Targ 43, Öffnungszeiten siehe Artushof, dortiges Ticket gilt auch hier.

In der Renaissance wurden in vielen Städten Europas repräsentative Brunnen aufgestellt. Das reiche Danzig machte da keine Ausnahme. Der **Neptunbrunnen** steht seit 1633 vor dem Artushof, der Meeresgott symbolisiert die engen Verbindungen Danzigs zur See. Die Figur des Neptun entstand nach einem Entwurf des Bildhauers Peter Husen, eingerahmt wird sie von einem meisterhaft gearbeiteten, eisernen Gitterwerk. Eine Reihe merkwürdiger Meereskreaturen kam um die Mitte des 18. Jahrhunderts dazu, als sich ein gewisser Johann Karl Stender daran machte, den Sockel des Brunnens im Stil des Rokoko umzugestalten.

Neptunbrunnen (Fontanna Neptuna), Długi Targ.

Rechts vom Artushof steht das **Goldene Haus**, das sich der Danziger Bürgermeister Johann

Speymann 1609 erbauen ließ. Er entstammte einer alten Patrizierfamilie, war ein aufgeklärter Humanist und großzügiger Förderer der Künste. Auf einer seiner ausgedehnten Italienreisen wurde er von Papst Clemens VIII. zum Goldenen Ritter geschlagen. Das vom damaligen Stararchitekten Abraham van den Blocke entworfene Haus erinnert an den verliehenen Titel: Von unten bis oben golden eingekleidet zeigt es Standbilder europäischer Herrscher und antiker Helden, dazu Tugendsymbole und Pflanzenornamente. Auffallend ist, dass es als einziges Wohnhaus am Platz keien Giebel hat, sondern gleich dem Artushof von einer Attika gekrönt wird. Auf ihr thronen Kleopatra und Antigone, Achilles und Ödipus, nur überragt von der Glücksbringerin Fortuna. Noch im Testament zeigte sich Speymann als Humanist: Sein Nachkomme, so bestimmte er, sollte Jahresstipendien für begabte Danziger Bürger vergeben und die Bevölkerung einmal im Monat zu einem ›Tag der offenen Tür‹ einladen.

Goldenes Haus (Złota Kamienica), Długi Targ 41.

Am **Grünen Tor** endet der Königsweg. Der schlossähnliche Bau an der Ostseite des Langen Markts war ursprünglich als königliche Residenz geplant, doch diese Ehre wurde ihm nie zuteil - die Monarchen zogen andere Häuser am Langen Markt vor, z.B. Nr. 1-4, Nr. 11 und Nr. 39-43. Im Grünen Tor wurden stattdessen Feste und Kulturveranstaltungen organsiert. Wer noch nicht müde ist, kann sich sogleich einer weiteren Tour anschließen. Links geht es in die Nördliche Rechtstadt (➢ Zweiter Rundgang), über die Grüne Brücke gelangt man zur Speicherinsel (➢Vierter Rundgang).

Grünes Tor (Brama Zielona), Długi Targ 24.

Blick vom Rathausturm auf den Langen Markt und das Grüne Tor

Die Südseite des Langen Marktes

DOILIDY

Bernstein: Strandgut der Ostsee

In baltischen Sagen stößt man immer wieder auf den Namen von Jurata, der ›Königin des Meeres‹. Eines Tages, erzählt man, verliebte sich die Seejungfrau in einen schönen Fischer und entführte ihn in ihren Palast auf dem Meeresgrund. Darüber war der Donnergott Perk so erzürnt, dass er Blitze in die Wogen schleuderte und einen gewaltigen Sturm heraufbeschwor. Dieser brachte Juratas Palast zum Einsturz und begrub den Fischer unter sich in den Trümmern. Der Verlust des Geliebten machte die Seejungfrau so unendlich traurig, dass sie nicht mehr aufhören konnte zu weinen. Ihre goldgelb schimmernden Tränen gerannen zu Perlen, die an die Küste gespült wurden - und es wurden immer mehr, bis zum heutigen Tag.

Die heidnischen Pruzzen waren nicht die einzigen, die die Bernsteinperlen in ihren Legenden besangen. Auch die Griechen priesen sie als »geheimnisvolle Tränen der Götter« und »versteinerte Sonnenstrahlen«. Wissenschaftler drücken sich weniger poetisch aus. Sie nehmen an, dass der Rohstoff schon 40 Millionen Jahre vor dem Erscheinen des ersten Menschen entstanden ist. Bernstein besteht für sie aus fossilem Harz skandinavischer Nadelbäume, das herabgetropft ist und sich verhärtet hat. Durch Regen und Wind wurde es in den Ur-Fluss Eridan gespült, dessen Mündung zwischen Danzig und Königsberg lag. Noch heute befinden sich in deser Region die größten Vorkommen der Welt.

Bernstein schillert zwischen Hellgelb und Rotbraun, ist transparent oder milchig. Oft enthält er Einschlüsse von kleinen, auf ewig verdammten und im Harz ertrunkenen Insekten. Er löst sich in Alkohol und Äther auf und schmilzt ab einer Temperatur von 375° C, wobei er einen aromatischen Harzduft verströmt. Dieser Eigenschaft verdankt er auch seinen Namen: *bernen* ist ein mittelniederdeutsches Wort und bedeutet ›brennen‹. Vielen Krankheiten sollte er trotzen: Bernsteintinktur auf der Basis von Alkohol verwendete man gegen Kopfschmerz, Schnupfen und akute Atembeschwerden, aber auch gegen Augenentzündungen und Rheuma. Zigarettenspitzen aus Bernstein, glaubte man noch zu Beginn des 20. Jahrhunderts, milderten die gesundheitsschädliche Wirkung des Rauchens.

Besonders begehrt war Bernstein freilich als Schmuck - und dies schon in frühester Zeit. Im Grab von Tutenchamun fand man eine Krone, in die Diamanten und Smaragde, aber auch baltischer Bernstein eingearbeitet war: ein Beleg dafür, dass der kostbare Stein schon vor 3500 Jahren von der Ostsee ans Mittelmeer transportiert worden ist. Auf der so genannten Bernsteinstraße gelangte er über die untere Weichsel, Schlesien und Mähren bis an die adriatische Küste, von wo er wei-

Das »Gold der Ostsee«

terverschifft wurde in die Häfen Ägyptens und des Nahen Ostens. Man fertigte aus ihm Ketten und Ohrringe, Amulette, Diademe und sogar Schachfiguren.

Kein Herrscher ließ sich das lukrative Geschäft mit dem ›Gold der Ostsee‹ entgehen: Erst sicherten sich die Herzöge von Pommerellen das Monopol auf den Bernsteinhandel, dann die deutschen Ordensritter und schließlich der Danziger Stadtrat. Im Mittelalter waren die Küstenbewohner verpflichtet, den Stein »zu sammeln, zu schöpfen, zu stechen und zu fischen«, um ihn alsdann gegen - weniger wertvolles - Salz einzutauschen. Wer gegen dieses Gebot verstieß, wurde hingerichtet; zur abschreckenden Wirkung waren am Strand zahlreiche Galgen postiert.

Ab dem frühen 19. Jahrhundert begann man Bernstein industriell zu fördern. Bergwerke entstanden vor allem in Palmnicken (heute russisch *Jantarnij*). Die dort lagernden Reserven sind bis zum heutigen Tag nicht erschöpft. Mit Hochdruckdampf werden ca. 400 Tonnen jährlich aus der Erde gepresst und nach Danzig verkauft, wo Kunsthandwerker den kostbaren Stoff weiterverarbeiten. In der Dreistadt arbeiten etwa 10.000 Menschen in der Bernsteinbranche. Ihre Werke findet man in den Galerien auf dem Langen Markt, längs der Mottlaupromenade und in der Frauengasse. Im Bernsteinmuseum, aber auch im Archäologischen Museum und in der Marienburg ist naturbelassener Bernstein in seiner ganzen Vielfalt zu sehen. Alljährlich im März findet die Bernsteinmesse *Amberif* statt, im August wird im 35 km östlich gelegenen Stegna die ›Weltmeisterschaft im Bernsteinsammeln‹ ausgetragen.

POMERANKA

Das Danziger Motiv schlechthin:
Die Lange Brücke mit dem Krantor

Nördliche Rechtstadt

Die nördliche Rechtstadt wird von der Marienkirche beherrscht, in deren Schatten die romantische Frauengasse liegt. Doch beginnen soll der Rundgang an der **Langen Brücke** (Długie Pobrzeże), der beliebten Promeniermeile an der Mottlau, die sich vom Grünen Tor bis zum ehemaligen Fischmarkt erstreckt. »Diesseits der Mottlau«, schrieb die Schriftstellerin Deotyma in einem Reisebericht von 1858, »verläuft am Wasser eine seltsame Straße. Es ist die so genannte Lange Brücke, die nicht über den Fluss geschlagen wurde, sondern an einem seiner Ufer entlangführt. Die Häuser tauchen hier ins Wasser ein, als ob sie in der Venezianischen Lagune stünden; um unter ihnen durchlaufen zu können, wurde eine breite Landungsbrücke auf Pfählen gebaut, die seitlich einen weitläufigen, zu jeder Tageszeit mit Straßenlärm erfüllten Bürgersteig bildet. Dieser ist mit Kramläden übersät; es herrscht hier ein lebhafter Verkehr von Schiffen und Flusskähnen.«

Jahrhundertelang war die Lange Brücke der wirtschaftliche Dreh- und Angelpunkt der Stadt. Bis zur Errichtung des Neuen Hafens (Nowy Port) legten hier Karavellen und Koggen aus ganz Europa an, wurden Waren unter den taxierenden Augen der Kaufleute gelöscht. Getreide und Salz, Wein und Gewürze wurden zur Speicherinsel gebracht, Leder und Tuch wanderten sogleich in

Blick von der Mottlau-Promenade hinüber zur Philharmonie

Neues Meeresinstitut mit altem Schild

die Werkstätten der Handwerker. Diese wohnten in den angrenzenden Gassen jenseits der mächtigen Tore am Kai. Da gab es das Brotbänkentor (Brama Chlebnicka), das Frauentor (Brama Mariacka), das Krantor (Żuraw) und das Johannistor (Brama Świętojańska).

Das **Brotbänkentor** (Brama Chlebnicka) wurde 1454 errichtet, im gleichen Jahr, da sich die Rechtstädter mit polnischer Hilfe gegen den Deutschen Ritterorden erhoben. Das erklärt auch, weshalb dem Danziger Stadtwappen hier noch nicht die polnische Krone zur Seite gestellt ist. Das Tor öffnet den Blick auf die gleichnamige Gasse (ul. Chlebnicka), in der die Bäckermeister Brotbänke aufstellen durften, um ihre Erzeugnisse zu verkaufen. Das **Englische Haus** fällt etwas aus dem Rahmen: es ist achtstöckig und damit ungewöhnlich groß, aber auch breiter als die Nachbarhäuser. Es wurde nach Plänen von Hans Kramer erbaut und wurde Eigentum vieler reicher Kaufleute. Den Namen verdankt es dem so bezeichneten Gasthof, der 1722 eingerichtet und später zum Hotel erweitert wurde. Übrigens machten die Polen aus *Angielski* ein *Anielski*, aus dem ›englischen‹ ein ›Engelshaus‹ – am Giebel befand sich eine Engelsfigur.

Englisches Haus (Dom Anielski), ul. Chlebnicka 13.

Eine interessante Geschichte rankt sich um das Schlieffenhaus von 1520, dessen Original

Joseph von Eichendorff
In Danzig

Dunkle Giebel, hohe Fenster,
Türme tief aus Nebeln sehn,
Bleiche Statuen wie Gespenster
Lautlos an den Türen stehen.

Träumerisch der Mond drauf scheinet,
Dem die Stadt gar wohl gefällt,
Als läg zauberhaft versteinet
Drunten eine Märchenwelt.

Ringsher durch das tiefe Lauschen,
Über alle Häuser weit,
Nur des Meeres fernes Rauschen –
Wunderbare Einsamkeit!

Und der Türmer wie vor Jahren
Bringt ein uraltes Lied:
Wolle Gott den Schiffer wahren,
Der bei Nacht vorüberzieht!

In der Frauengasse (rechts) finden sich auch kleine Bernsteinläden (oben)

sich seit 1825 auf der Pfaueninsel in Potsdam befindet. Der preußische Thronfolger Wilhelm III. war bei seinem Danzig-Besuch 1822 so begeistert von der spätgotischen Fassade des Hauses, dass er es sogleich kaufte und nach Berlin versetzen ließ. Unter der Leitung von Karl Friedrich Schinkel wurde es zerlegt und neu zusammengesetzt. Die Kopie des Hauses befindet sich heute in der Brotbänkengasse!

Schlieffenhaus (Dom przy Chlebnickiej), ul. Chlebnicka 14.

Direkt neben dem 1484 erbauten **Frauentor** (Brama Mariacka) steht ein fünfstöckiges Haus mit Aussichtsturm, das heue als **Archäologisches Museum** genutzt wird. Darin wird alles vorgestellt, was mit Bernstein zu tun hat. Neben naturbelassenem, an der Ostsee gefundenem Bernstein, mit und ohne Einschlüssen, kann man einen rekonstruierten Bernsteinwald und Exponate aus alten Danziger Sammlungen bewundern. Man erfährt, welche Werkzeuge zur Bearbeitung erforderlich sind und wie Bernstein für medizinische Zwecke genutzt wird.

Archäologisches Museum (Muzeum Archeologiczne), ul. Mariacka 26, www.archeologia.pl, Di 8–16, Mi 9–17, Do–Fr 8–16, Sa–So 10–16 Uhr, im Juli/August länger geöffnet.

Die **Frauengasse** (ul. Mariacka) ist die wohl schönste Straße der Stadt. Zwar ist sie weniger pompös als die Königsroute, doch mit ihrem Kopfsteinpflaster und der kleinen Baumallee wirkt sie intimer. Wie alle historischen Straßen Danzigs ist sie von hohen Bürgerhäusern gesäumt, doch nur hier findet man so viele Beischläge. Sie sind mit Granitkugeln, Reliefs und Wasserspeiern geschmückt, über Freitreppen gelangt man zu weitläufigen Terrassen. Seitlich der Treppen, wo man einst in Weinkeller und Warenlager hinabstieg, ducken sich heute kleine Werkstätten und Galerien, in denen Bernstein verkauft wird. Im Sommer öffnen gemütliche Straßencafés, aus einigen von ihnen erklingt abends Jazzmusik. So gut hat sich in der

Beischläge: architektonische Leckerbissen

Nirgendwo waren sie so breit und so schön mit Skulpturen verziert wie in Danzig. Im Verlaufe des 16. Jahrhunderts waren sie aus Angst vor Überflutungen entstanden, doch schon bald lernte man sie aus anderen Gründen schätzen: Sie waren ein idealer Ort der Kommunikation - hier sprach man mit den Nachbarn und empfing Besucher. Eine gute Beschreibung ist von Johanna Schopenhauer überliefert. Sie schreibt, Danzig habe durch die Beischläge »ein fast südliches Ansehen« gewonnen. Und sie erinnert sich, dass »ein großer Teil des häuslichen Lebens mit jetzt unglaublicher Offenherzigkeit, fast so gut als auf freier Straße, betrieben wurde. Balkone sind die Beischläge nicht, eher möchte ich geräumige, ziemlich breite Terrassen sie nennen, die, mit großen Steinplatten belegt, längs der Front des Hauses sich hinziehen, zu denen einige breite bequeme Stufen hinaufführen und die straßenwärts mit steinernen Brustwehren versehen sind.« (1839) Unter preußischer Herrschaft wurden sie im 19. Jahrhundert vielerorts abgerissen, damit der Verkehr ungehindert fließen konnte. Wie man hört, gab es viele britische Bürger, die ganz versessen darauf waren, sie zu erwerben und auf ihre Schiffe zu laden.

»... ein fast südliches Ansehen«: Rast auf den Stufen eines Beischlags

Frauengasse hanseatisches Flair über die Zeiten gerettet, dass man den Thomas-Mann-Roman *Buddenbrooks* nicht am Originalschauplatz Lübeck, sondern hier verfilmte.

Die Frauengasse führt direkt auf die **Marienkirche** zu, die gleich einer geballten Faust das Zentrum der Rechtstadt beherrscht. Reiche Patrizier haben sie gestiftet, um sich für die Ewigkeit ein Denkmal zu setzen. 1343 legten sie den Grundstein, 159 Jahre später wurde sie vollendet. Mit 105 m Länge und 66 m Breite ist die »dicke Marie«, wie man sie im Volksmund einst nannte, die größte Backsteinkirche der Welt - über 25.000 Menschen finden in ihr Platz. Auf den Glockenturm, so erzählen Danziger Kinder, hat sich im 14. Jahrhundert ein Riese aus dem Pruzzenland gesetzt, weshalb der Aufsatz noch heute kantig und trotzig wirkt. Für Leichtigkeit sorgen dagegen die sieben zierlichen Türmchen und die Schmuckgiebel des Langhauses.

Der Innenraum der dreischiffigen Kirche beeindruckt durch seine

Luftiges Gewölbe der Marienkirche

Weite und Helligkeit. Durch 37 riesige Spitzbogenfenster flutet Sonnenlicht und lässt die weiß getünchten Wände erstrahlen. Hohe schlanke Pfeiler lenken den Blick fast automatisch zur Decke, die mit luftigen Stern-, Netz- und Kristallgewölben überspannt ist. Gut kommen in diesem überschaubaren, fast asketischen Raum die Kunstwerke zur Geltung. Einige haben – rechtzeitig ausgelagert – die Zerstörungen des Zweiten Weltkriegs überstanden und kehrten inzwischen an den angestammten Platz zurück. Andere gingen unwiderruflich verloren und wurden durch aus anderen Gotteshäusern stammende Werke ersetzt. Den Flammen zum Opfer fiel die gewaltige Barockorgel, die erst 1985 in bremisch-danziger Zusammenarbeit rekonstruiert wurde. Vom herrlichen Klang ihrer 46 Stimmen kann man sich während des Gottesdienstes und des sommerlichen Orgelfestivals überzeugen. Links vom Hauptportal, in der Reinholdskapelle, hängt **Das Jüngste Gericht**, Danzigs berühmtestes Gemälde. Unter den Augen eines kalt dreinschauenden Jesus wiegt ein martialischer Erzengel nackte Menschen auf einer Waage. Die für gut Befundenen dürfen sich vor dem Himmelstor versammeln, wo ihnen

»Das Jüngste Gericht« von Hans Memling

Samtkleider gereicht werden, die Bösen werden von zotteligen Teufeln ins flammende Reich der Finsternis hinabgestoßen. »Zusammenklappbares Jüngstes Gericht«: so nannte Günter Grass das farbgewaltige Triptychon, das auf höchst abenteuerlichen Wegen in die Hansestadt gelangte. Angefertigt hatte es der Brügger Maler Hans Memling 1469–72 für den florentinischen Kaufmann Tani. Doch noch ehe das Schiff auf hoher See war, wurde es vom Danziger Piraten Paul Beneke gekapert und geplündert. Auch das kostbare Gemälde nahm er mit in die Heimatstadt und schenkte es – fromm wie er war – der Marienkirche; böse Zungen behaupten freilich, er habe es nur weitergegeben, weil ihm die Aussicht aufs Jüngste Gericht wenig behagte. Über die Rückgabe des Bildes entzündete sich umgehend ein diplomatisches Scharmützel. Die Florentiner drohten mit Abbruch der Handelsbeziehungen, und der Papst persönlich kündigte der Stadt einen Kirchenbann an. Doch die Danziger ließen sich davon nicht beeindrucken und behielten das kostbare Werk. Erst Napoleon nahm ihnen 1807 das Beutestück weg. Sieben Jahre blieb es im Louvre, bevor es über Berlin nach Danzig gelangte. Damit freilich war die Odyssee noch nicht beendet. Im Zweiten Weltkrieg nach Thüringen ausgelagert,

Der wuchtige Turm der Marienkirche

Maria, Herrscherin über die Zeit

nahm es die Rote Armee nach Leningrad mit; 1956 kehrte das Bild nach Danzig zurück. Damit es in Zukunft vor Raub schützt sei, hängt es hinter panzersicherem Glas im Nationalmuseum; in der Kirche ist nur die Kopie ausgestellt.

Im Querschiff (Heiligkreuzkapelle) zieht die **Astronomische Uhr** alle Blicke auf sich: mit 14 Meter Höhe ein gewaltiges und legendenumranktes Werk, geschaffen vom Danziger Astronom und Mechaniker Hans Düringer in sechsjähriger Arbeit (1464–70). Auf ihr kann man nicht nur die Zeit ablesen, sondern auch die Lage von Sonne und Mond im Tierkreis. Auf dem Kalendarium

Türmchen, Giebelchen, Fialen und prachtvolle Gewölbe – die Marienkirche

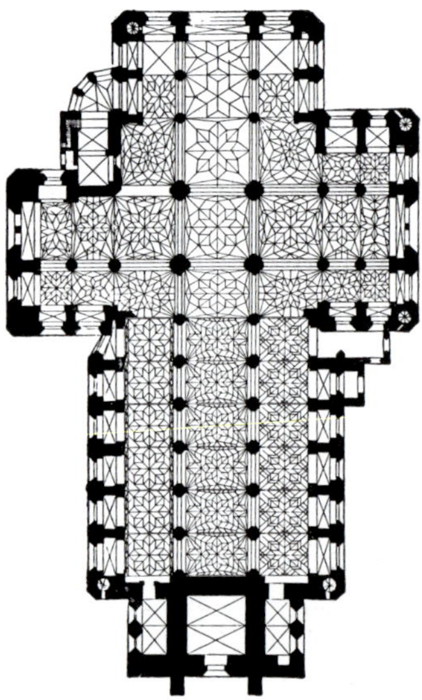

sind Datum und Wochentag, die Namen der Kalenderheiligen und die kirchlichen Feste abzulesen – minutengenau auch die Daten für Neumond. Im oberen Teil der Uhr erscheinen Adam und Eva, zwischen denen sich die böse Schlange windet und mit lautem Glockenschlag die Stunde verkündet. Dazu erscheinen zur Mittagszeit die Figuren der Apostel und Evangelisten; Maria wird die frohe Botschaft verkündet, die Heiligen Drei Könige verbeugen sich vor dem Jesuskind.
Mit einer solchen Uhr wollten sich gern auch andere Hansestädte brüsten. Doch das wollte der Danziger Bürgermeister mit allen Mitteln verhindern. Als sich Düringer bereit zeigte, von der Konkurrenz gleichfalls Aufträge zur Anfertigung einer Uhr anzunehmen, schickte der höchste Repräsentant der Stadt seine Häscher aus, den Meister zu blenden. Düringer habe sich darauf, heißt es, von der höchsten Galerie der Marienkirche in die Tiefe gestürzt – lieber wollte er sterben, als in dieser grausamen Stadt weiterzuleben.
Die Marienkirche: fürwahr eine Schatzgrube für Legenden! Eine besonders makabre Geschichte rankt sich um **Christi Todeskampf**, das Kruzifix in der Kapelle der Elftausend Jungfrauen rechts vom Hauptaltar. Vor gut dreihundert Jahren, so erzählt man, habe der Stadtrat die Skulptur bei einem italienischen Bildhauer in Auftrag gegeben. Dieser machte sich sogleich an die Arbeit und schnitzte aus einem Baumstamm eine lebensgroße Christusfigur. Doch mochte ihn das fertige Produkt nicht zufriedenzustellen – es fehlte ihm der lebendige Ausdruck, die überzeugende Darstellung von Todesangst. Da kam ihm eine ›rettende‹, gleichwohl wahnwitzige Idee. Als er Besuch von seinem Schüler erhielt, überwäl-

Die Astronomische Uhr zieht alle Blicke auf sich

tigte er ihn und stopfte ihm ein Tuch in den Mund, nagelte ihn sodann ans bereitgestellte Kreuz und rammte ihm einen Spieß in den Leib – ganz so, wie man es dereinst mit Christus gemacht hatte. Er arbeitete nun Tag und Nacht, die Skulptur nahm immer dramatischere Züge an. Als er spürte, dass der junge Mann in den letzten Zügen lag, nahm er ihm das Tuch aus dem Mund, um auch den Ausdruck des schmerzverzerrten Gesichts naturalistisch festhalten zu können. Nun endlich war der Bildhauer mit seinem Werk zufrieden … Er stieß sich einen Dolch in die Brust, um neben seinem ›Modell‹ glücklich zu sterben.

Bevor Sie die Kirche – nach so vielen Horrorgeschichten – verlassen, sollten Sie einen Blick auf einige weitere hier versammelte Kunstwerke werfen. Konzentrieren Sie sich dabei auf das nördliche Seitenschiff, also alles, was sich links der Achse Haupteingang-Hochaltar befindet. Neben dem Eingang, in der Reinholdskapelle, befindet sich – nahe dem ›Jüngsten Gericht‹ – eine aus Kalkstein gemeißelte gotische Pietá von 1410. Der Meister ist unbekannt, doch vermutlich war er es auch, der die *Schöne Madonna* in der Annenkapelle geschnitzt hat. Mit ihren anmutigen Gesichtszügen und dem weichen Faltenwurf ihres Gewands kündigt sie bereits den Übergang von der Gotik zur Renaissance an. Ganz in der Nähe wird eines berühmten

Abstecher zum Großen Zeughaus

Die nach dem dunklen Bier benannte Jopengasse (ul. Piwna) gefällt durch eine Vielzahl von Bürgerhäusern mit Beischlägen. Am Ende der Gasse prunkt zur Linken das **Hans-von-Eden-Haus** (Kamienica Hansa von Edena) mit üppig dekorierter manieristischer Fassade. Von unten kaum zu erkennen ist der Löwe auf der Spitze des Giebels, dessen Pranke sich auf eine Weltkugel legt. Die Medaillons im ersten Stock zeigen Herkules und Alexander den Großen: eine Anspielung auf die im 17. Jahrhundert viel beschworenen militärischen Siege. Waffen und Munition wurden nebenan in dem von Kriegsgöttern bewachten **Großen Zeughaus** (Wielka Zbrojownia) gelagert – für diesen Zweck ein (von außen) ungewöhnlich schönes Haus, geschaffen von Anton van Opbergen 1602 mit Skulpturen von Wilhelm Barth. Heute wird der Palast in seinen oberen Stockwerken als Kunsthochschule genutzt; im Erdgeschoss tummeln sich die Menschen zum Einkauf – die Grass-Figur Oskar Matzerath bekam hier seine ›Blechtrommel‹.

schlesischen Dichters gedacht: Die Grabplatte von Martin Opitz (➢Danziger Porträts) ist mit einem Schwan verziert, deutsche Worte sind in den Stein gemeißelt. Bemerkenswert ist auch der *Zug der Barmherzigkeit*, ein Relief am Sockel des Taufbeckens (1556) und die *Zehn-Gebote-Tafel*, auf der jedes Gebot durch jeweils zwei kontrastierende Szenen illustriert wird (ca. 1490). Ein letzter Höhepunkt ist der Hochaltar mit seiner Huldigung an die Schutzpatronin der Kirche: Meister Michael aus Augsburg hat Mariä Krönung prunkvoll in Szene gesetzt und dabei keineswegs an Blattgold gespart (1510–17).

Marienkirche (Bazylika Mariacka), Podkramarska 5, www.bazylikamariacka.pl, Mo–Sa 9–17.30, So 13–17.30 Uhr; Turmbesteigung (400 Stufen!) ist während der gesamten Öffnungszeit möglich.

Parallel zur Frauengasse verläuft die **Heiliggeistgasse** (ul. Św. Ducha), benannt nach einem von Mönchen betriebenen Spital, das später in die von Ordensrittern gegründete Jungstadt verlegt wurde. Das wertvollste Baudenkmal der Straße ist die **Königliche Kapelle** von 1681, Erinnerung an den Danzig-Aufenthalt von König Jan III. Sobieski drei Jahre zuvor. Besonders prachtvoll sollte sie sein, um die protestantische Mehrheit der Rechtstadt zu beeindrucken. Barock verspielte Formen, Kuppeln und Balustraden kontrastierten mit der deutschen, streng asketischen Backsteingotik. Entworfen hat die Kirche der polnische Hofarchitekt Tylman van Gameren, die Ausschmückung der Fassade übernahm Andreas Schlüter, der größte Bildhauer seiner Zeit.

Königliche Kapelle (Kaplica Królewska), ul. Św. Ducha 58.

Auf dem Weg zum Kai passiert man das so genannte **Schildkrötenhaus**, in dem die Schriftstellerin Johanna von Schopenhauer geboren wurde. In ihren Erinnerungen beschrieb sie das Haus als »weder schön noch häßlich, weder groß noch klein. Das einzige Zeichen, worauf es stolz sein konnte ..., war, daß ... an dem höchsten Giebel eine Metallschildkröte auf dem Bauch lag. Sie wackelte mit dem Kopf und schüttelte ihre vergoldeten Pfoten in alle Richtungen der Welt.« Nach ihrer Heirat zog Johanna ins Haus Nr. 114, wo 1788 Sohn Arthur zur Welt kam (➢ Danziger Porträts) – dieses Haus wurde nach dem Zweiten Weltkrieg nicht wieder aufgebaut.

Schildkrötenhaus (Dom Pod Żółwiem), ul. Św. Ducha 113.

Das 1444 entstandene **Krantor** mit seinen backsteinernen Rundtürmen und der dazwischenliegenden Holzkonstruktion ist Danzigs bekanntestes Wahrzeichen. Es ist die größte Hebekonstruktion des Mittelalters und diente lange Zeit auch als Wehrtor. Der Architekt Werner Hewelt erklärt den Funktionsmechanismus: »Bis zu vier Meter dick sind die unteren Wände, um das Gegengewicht zu dem weit über den Wasserlauf ausladenden Kranbalken in 27 m Höhe zu bilden, an dem an einer eisernen Kette die größten Schiffsmasten hochgehievt werden konnten. Ein Tretradpaar mit einem Durchmesser von sechseinhalb Metern bewegte diese Last, ein kleineres mit einem Durchmesser von sechs Metern hob unterhalb davon elf Meter über dem Meeresspiegel schwere Güter und kleinere Masten. Je vier Mann, meist wohl Strafgefangene, mussten in diesen schwergewichtigen Holzkränzen schweißtriefend ihre Laufarbeit verrichten.«

Heute beherbergt das **Krantor** das **Zentrale Meeresmuseum**, das auf der gegenüberliegenden Bleihofinsel (Ołowianka) eine große Dependance unterhält. Ausgestellt werden Gegenstände, die aus Schiffswracks geborgen wurden, so etwa die gesamte Ladung des 1424 gesunkenen ›Kupferschiffes‹, die sich durch das an Bord befindliche, beim Brand ausgelaufene Teer über 500 Jahre unversehrt erhalten hat. Außerdem sind zu sehen: Schiffe und Segelboote aus aller Welt, Modelle und nautische Instrumente, Uniformen und Kanonen. Die kleine Fähre Motława schippert regelmäßig zur Insel Ołowianka hinüber, wo in drei restaurierten Speichern und in dem vor Anker liegenden ehemaligen Frachter Sołdek die Mehrzahl der Ausstellungsstücke aufbewahrt ist.

Krantor (Żuraw) **& Zentrales Meeresmuseum** (Centralne Muzeum Morskie), ul. Długie Pobrzeże / ul. Szeroka 68, Di–So 10–16 Uhr, im Sommer länger geöffnet; Eintrittsgebühr inkl. Überfahrt.

Vom späten 14. Jahrhundert bis zum Zweiten Weltkrieg fand auf dem großen Platz links der Mottlaupromenade der **Fischmarkt** (Targ Rybny) statt. In Fässern stapelten sich Heringe aus der Ostsee, Flundern und Aale wurden direkt vom Schiff verkauft. Das ist nun leider Vergangenheit: Heute wird hier nur noch während der ersten zwei Augustwochen Markt abgehalten, doch dann ist es kein Fisch, der angepriesen wird, sondern Antiquitäten aller Art im Rahmen des alljährlich stattfindenden Dominikanermarkts.

An der Nordostecke des Platzes befand sich die Ordensburg, die 1454 durch Bürger der Rechtstadt zerstört wurde. An ihrer Stelle errichteten sie den backsteinernen Schwanenturm, von dem aus das Geschehen am Fluss und auf dem Marktplatz überwacht werden konnte.

Wer auf möglichst kurzem Weg das Hohe Tor, den Startpunkt von Tour 1 erreichen will, geht den Altstädtischen Graben (Podwale Staromiejskie) entlang, der die historischen Viertel von Rechtstadt und Altstadt trennt. Er führt vorbei an Überbleibseln der alten Stadtmauer, am Turm Jacek und der Markthalle sowie am Stadttheater und am Großen Zeughaus. Wer kleinere Straßen bevorzugt, geht am

Das Krantor

Mottlauufer bis zum Johannistor (Brama Świętojąnska) und biegt dort rechts ein in die gleichnamige Straße. Rechterhand liegt die spätgotische **Johanniskirche**, die von 1377 bis 1465 erbaut wurde. Von dem im Krieg stark zerstörten Gotteshaus blieb nur der 12 m hohe, von Abraham van den Blocke gestaltete Renaissancealtar erhalten. Doch ist unklar, ob die Kirche in den kommenden Jahren für Besucher geöffnet wird. Die Renovierungsarbeiten kranken am sumpfigen Untergrund; auf einer Seite, heißt es, drohe die Kirche abzusacken.

Johanniskirche (Kościół św. Jana), ul. Swiętojańska 50.

»Vom Dominikanerkloster ist nur die düstere **Nikolaikirche** übriggeblieben, deren innere Pracht ganz auf Schwarz und Gold beruht; ein Nachglanz einstiger Schrecken.« So liest es sich im Roman *Unkenrufe* von Günter Grass. Die älteste Kirche im Danziger Stadtkern wurde dem Dominikanerorden 1227 zugesprochen und blieb bis zum heutigen Tag katholisch. Wie durch ein Wunder ging sie 1945 nicht in Flammen auf, so dass man keine Rekonstruktionen, sondern wirklich Originale erlebt. Bemerkenswert ist vor allem der vergoldete Hochaltar von 1643 und das barocke Chorgestühl. Das größte Schmuckstück aber stammt nicht aus Danzig, sondern aus Lemberg: eine mittelalterliche Marien-Ikone, die 1945 von den Dominikanern aus Lemberg mitgebracht wurde. Jeden Sonntag um 11.30 Uhr gibt es ein Orgelkonzert, meist wird der Organist von einem Kinderchor begleitet.

Nikolaikirche (Kooeciół oew. Mikołaja), ul. Swiętojańska 72, www.gdansk.dominikanie.pl, So geschl.

Das Dominikanerkloster wurde Ende des 19. Jahrhunderts abgerissen. Noch einmal der Chronist Günter Grass: »Auf dem geräumten Gelände wurde ab 1895 in neugotischem Stil eine **Markthalle** gebaut, die, Dominikhalle genannt, den Ersten und Zweiten Weltkrieg ausgehalten hat und bis heute unter ihrer breit gewölbten Dachkonstruktion in sechs Budenreihen ein mal üppiges, oft nur dürftiges Angebot vereinigt: Stopfgarn und Räucherfisch, amerikanische Zigaretten und polnische Senfgurken, Mohnkuchen und viel zu fettes Schweinefleisch, Plastikspielzeug aus Hongkong, Feuerzeuge aus aller Welt, Kümmel und Mohn in Tütchen, Schmelzkäse und Perlonstrümpfe.« Grass schrieb dies vor 1990 - inzwischen ist das Angebot reicher, doch gibt es auch mehr Armut. Da sitzen alte Mütterchen auf ihren Holzkisten, das geblümte Kopftuch haben sie fest ums Kinn gebunden. Fast demütig bieten sie ihre Ware an: ein Bündel Knoblauch aus dem Schrebergarten, Dillsträuße und Sonnenblumen, eine Handvoll Steinpilze, fein säuberlich auf Zeitungspapier ausgebreitet.

Markthalle (Hala Targowa), pl. Dominikański 1.

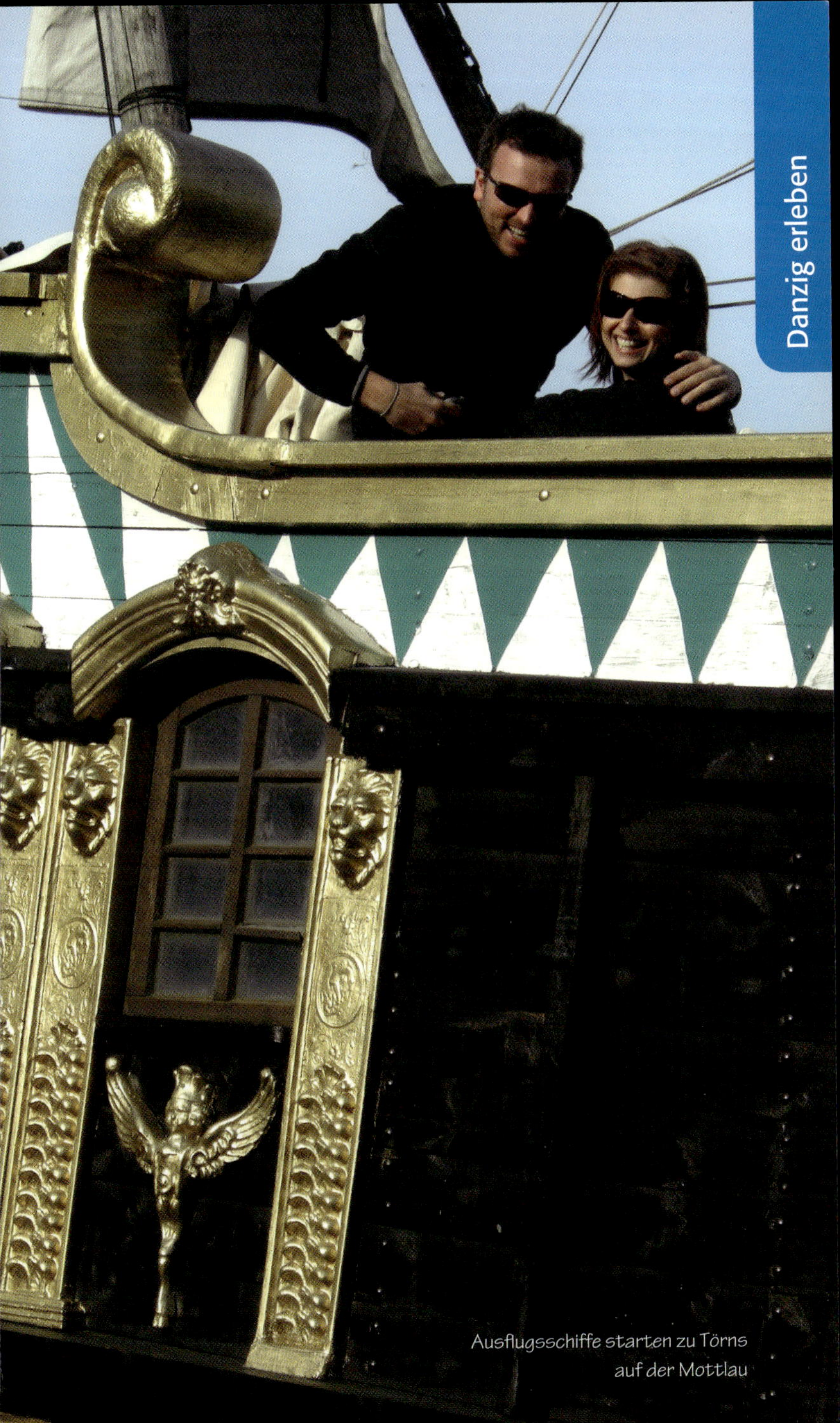

Ausflugsschiffe starten zu Törns auf der Mottlau

Hinterm Brotbänkertor

Altstadt

Nördlich des breiten Altstädtischen Grabens (Podwale Staromiejskie) beginnt die Altstadt, in der vorwiegend slawische Handwerker lebten. Stets stand sie im Schatten der später entstandenen Rechtstadt, ihre Häuser waren zumeist aus solidem, aber schmucklosem Backstein gebaut. Nach dem Zweiten Weltkrieg entstanden hier funktionale Wohnhäuser, nur ausgewählte Vorzeigeobjekte wurden rekonstruiert. Diese befanden sich in der so genannten Pfefferstadt (ul. Korzenna), wo die reichen ›Pfeffersäcke‹ wohnten und sich auch das Altstädtische Rathaus befindet. Zusammen mit den Kirchen und mittelalterlichen Mühlen am Radaune-Kanal (Kanał Raduni) bildet es ein malerisches architektonisches Ensemble.

Das **Altstädtische Rathaus** (Ratusz Staromiejski) hat sich zu einem beliebten Treffpunkt von Künstlern, Journalisten und Theaterleuten entwickelt. Es verfügt über einen Buchladen, Ausstellungs- und Seminarräume, hier werden Festivals, Vortragsreihen und Konzerte organisiert. Der Rahmen könnte kaum schöner sein: Der fast kubische zweistöckige Backsteinbau ist in niederländischem Renaissancestil ausgeführt, von einer Attika sowie schlanken Ecktürmen gekrönt. Natürlich findet sich auch hier das Wappen-Trio von Danzig, Königlich-Preußen und Polen, diesmal auf dem Fries zwischen den Etagen. In der Diele mit Deckengewölbe und altem Renaissanceportal ist ein kleines Café untergebracht; eine Tafel erinnert an den Astronomen Johannes Hevelius.

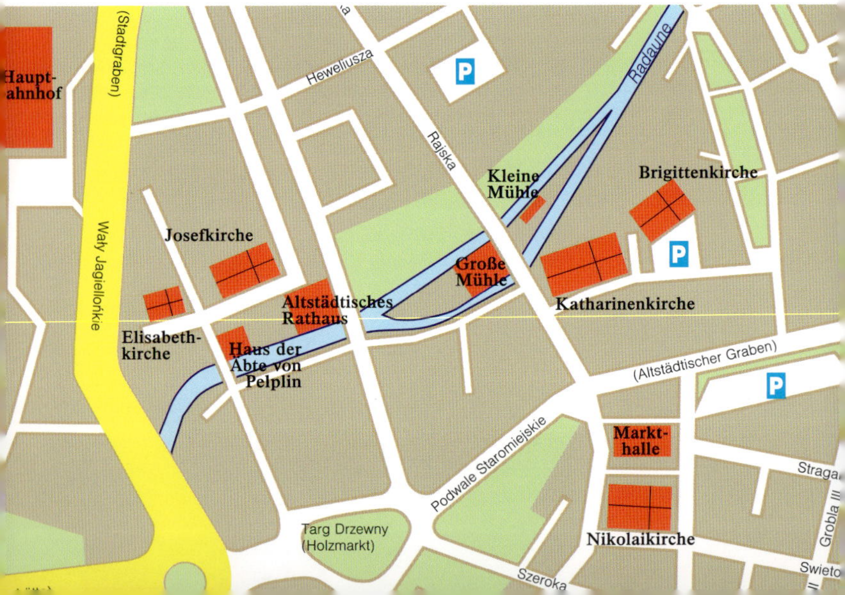

Schlicht und schön – das Altstädtische Rathaus

Dieser war lange Zeit Schöffe und Ratsherr, aber auch ein erfolgreicher Brauer; im Keller, wo der Rat den Ausschank von Bier und Wein betrieb, lagerte er sein berühmtes Starkbier (➢Danziger Porträts). Über eine knarrende Eichentreppe gelangt man ins Obergeschoss, in dessen großem, festlichen Saal Konzerte und Kunstauktionen stattfinden.

Altstädtisches Rathaus (Ratusz Staromiejski), ul. Korzenna 33/35, www.nck.org.pl, Di–So 10–18 Uhr.

Das Kunsthistorische Institut der Universität ist in einem der besterhaltenen Bürgerhäuser Danzigs, dem **Haus der Äbte von Pelplin**, untergebracht. Anfang des 17. Jahrhunderts wurde es nach einem Entwurf von Abraham van den Blocke erbaut und gehörte fast 140 Jahre den Zisterziensern. Seitlich schaut es zum Radaune-Kanal, schöner aber noch ist die Seitenfassade, deren Portal mit Masken von Geistern und Engeln geschmückt ist.

Haus der Äbte von Pelplin (Dom Opatów Pelpińskich), ul. Elżbietańska 3.

Die um 1350 vom Deutschen Orden errichtete **Große Mühle** (Wielki Młyn) gehörte in jener Zeit zu den größten Europas. Sie steht auf einer künstlich aufgeschütteten Insel im Radaune-Kanal und besaß 18 Mühlräder von je fünf Meter Durchmesser, die vom Wasser des Flusses bewegt wurden. Unter dem gewaltigen Satteldach befanden sich sechs Lageretagen, außerdem wurde hier Brot gebacken. Bis 1945 war sie in Betrieb, heute beherbergt sie ein Einkaufszentrum.

Große Mühle (Wielki Młyn), ul. Wielkie Młyny 16, Mo–Fr 10–20, Sa 10–13 Uhr.

Gegenüber der Alten Mühle erhebt sich die **Katharinenkirche** mit ihrem hohen, von einer Barockhaube gekrönten Glockenturm. Neben der Nikolaikirche ist sie Danzigs ältestes Gotteshaus, wurde schon 1185 vom Herzog der Pommerellen gestiftet; der heutige Bau stammt aus dem späten 14. Jahrhundert. Die originale Ausstattung ist nach ihrer Auslagerung 1944 an den Ursprungsort zurückgekehrt, so auch der Hochaltar mit Anton Möllers *Kreuzigungsszene* (1609), auf der das Danziger Stadtpanorama erscheint. In der Kirche wurden viele berühmte Männer beigesetzt, darunter auch der Astronom Johannes Hevelius (➢Danziger Porträts); sein Epitaph aus schwarzem Marmor findet man im Chorraum.

Zu jeder vollen Stunde erklingt in der Kirche Beethovens *Freude, schöner Götterfunken* – gespielt auf dem neuen Carillon. Im Zweiten Weltkrieg wurden seine 37 Glocken teilweise für Rüstungszwecke eingeschmolzen, teilweise im Turm der Lübecker Marienkirche angebracht. Doch der ehemalige Danziger Hans Eggebrecht setzte seinen ganzen Ehrgeiz ein, der Kirche ihr Glockenspiel zurückzugeben: Er gründete die Bremer Stiftung ›Carillon St. Katharinen‹, die mit Unterstützung bekannter Persönlichkeiten wie Helmut Kohl und Richard von Weizsäcker ausreichend Geld sammeln konnte. Am 50. Jahrestag des Ausbruchs des Zweiten Weltkriegs durfte das Glockenspiel erstmals wieder erklingen – nun mit 49 Glocken, die vier Oktaven abdecken. »Die größte«, erklärt der Kustos des angeschlossenen kleinen Uhrenmuseums, »wiegt über zwei Tonnen, die kleinste etwa zehn Kilogramm.« Der spezifische Klang der Glocken hängt freilich auch von der Dicke des Glockenmantels ab. »Nach dem Guss«, so der Kustos, »wird der Mantel von innen geformt, um einen reinen Klang zu erzielen. Die Zusammensetzung des Gusses bleibt aber ein Geheimnis.«

Katharinenkirche (Kooeciół OEw. Katarzyny), ul. Profesorska 3, tgl. 7–19 Uhr.

Im Schatten der Katharinenkirche steht die im 16. Jahrhundert erbaute **Brigittenkirche**. Zu ihrer Pfarrei gehört die Danziger Werft, Wiege der 1980 gegründeten Gewerkschaft Solidarność. Das Gotteshaus wurde Treffpunkt der Aktivisten um Lech Wałęsa – Gemeindepriester Henryk Jankowski war schon seit vielen Jahren sein Beichtvater. In der Kirche befindet sich auch das

Blick über Altstadt und Rechtstadt.
Im Vordergrund der Turm der Katharinenkirche

Denkmal zu Ehren des 1984 vom polnischen Staatssicherheitsdienst ermordeten Priesters Jerzy Popiełuszko.

Brigittenkirche (Kościół Św. Brygidy), ul. Profesorska 17, www.brygida.gdansk.pl, 9–18 Uhr.

Am gegenüberliegenden Ufer des Radaune-Kanals steht im üppigen Grün der ehemaligen Paradiesgasse (ul. Rajska) die mittelalterliche **Kleine Mühle**. ›Klein‹ war sie mitnichten: Mit fünf Mühlrädern zählte sie vielmehr zu den größten des Kontinents. Heute beherbergt sie den Polnischen Anglerverband, der Angellizenzen für die Ostsee ausstellt.

Kleine Mühle (Mały Młyn), ul. Rajska 2.

Am 1. September 1939 rückte die **Polnische Post** in die Schlagzeilen der Weltpolitik. Die ca. 50 Angestellten der Post verteidigten sich 14 Stunden gegen die deutschen Angreifer, eine Allianz von

Polnische Post: Auf der Suche nach Zeugen

»Mutmaßend, dass es noch überlebende ehemalige Verteidiger der Polnischen Post gebe, informierte ich mich im polnischen Innenministerium, das ein Büro unterhielt, in dem Dokumente über deutsche Kriegsverbrechen in Polen gestapelt lagen. Man gab mir Adressen von drei ehemaligen polnischen Postbeamten (letzte Anschrift aus dem Jahr 1949), sagte aber einschränkend, diese angeblich Überlebenden seien von der polnischen Postarbeitergewerkschaft (und auch sonst offiziell) nicht anerkannt worden, weil es im Herbst 1939 nach deutscher und polnischer Fassung öffentlich geheißen habe, alle seien erschossen worden: standrechtlich. Deshalb habe man auch alle Namen in die steinerne Gedenkplatte gehauen, und wer in Stein gehauen sei, lebe nicht mehr.
In Gdańsk suchte ich Danzig, fand aber zwei der ehemaligen polnischen Postbeamten, die mittlerweile auf der Werft Arbeit gefunden hatten, dort mehr als auf der Post verdienten und eigentlich zufrieden waren mit ihrem nicht anerkannten Zustand. Doch die Söhne wollten ihre Väter heldisch sehen und betrieben (erfolglos) deren Anerkennung: als Widerstandskämpfer. Von beiden Postbeamten (einer war Geldbriefträger gewesen) erhielt ich detaillierte Beschreibungen der Vorgänge in der polnischen Post während der Verteidigung. Ihre Fluchtwege hätte ich nicht erfinden können.«

Günter Grass, »Rückblick auf Die Blechtrommel oder der Autor als fragwürdiger Zeuge«, in: Volker Schlöndorff, Die Blechtrommel: Tagebuch einer Verfilmung, Darmstadt 1979.

Denkmal der gefallenen Werftarbeiter

SS-Heimwehr und Danziger Polizeiverbänden. Der polnische Widerstand brach erst zusammen, als die Deutschen Benzin in den Keller pumpten und es anzündeten. Dabei starben acht Männer, sechs weitere wenige Stunden später im Krankenhaus. Viele Überlebende wurden wegen Freischärlerei zum Tode verurteilt und am 5. Oktober auf dem Friedhof Saspe (Zaspa) erschossen. Im Jahr 2000 erhielten ihre Hinterbliebenen von der deutschen Regierung ein Entschädigungsgeld von 5000 Euro.
Mit einer Ausstellung im Postmuseum wird an die Ereignisse jenes Jahres erinnert, Grass hat sie literarisch in seinem Roman *Die Blechtrommel* verarbeitet. Vor der Post steht ein Monument, das einen verletzten Postangestellten zeigt, wie er der Siegesgöttin Nike ein Maschinengewehr übergibt.

Polnische Post (Poczta Polska),ul. Obrońców Poczty Polskiej 1/2,www.mhmg.gda.pl, Di 10–15, Mi–Fr 10–16 Uhr.

Das Denkmal der gefallenen Werftarbeiter am Eingang zur Danziger Werft (s. S. 91) wurde am 16. Dezember 1980 enthüllt. Drei hohe Kreuze erinnern an die ersten drei Arbeiter, die zehn Jahre zuvor bei Streikaktionen ihr Leben gelassen hatten. Die an den Querbalken befestigten Anker symbolisieren die gekreuzigte Hoffnung, Czesław Miłosz stellt in einem Vierzeiler die Herrschenden auf die Anklagebank:
»Ihr, die ihr einem einfachen Mann Schaden zugefügt habt,
ihr lacht ihn ob des Unrechts aus.
Ihr tötet ihn, ein neuer Mensch wird geboren.
Notiert sind eure Worte und Taten.«

Denkmal der gefallenen Werftarbeiter (Pomnik Poległych Stoczniowców), pl. Solidarności Robotniczej.

Neues Museum

In unmittelbarer Nachbarschaft der Polnischen Post entsteht ein **Museum des Zweiten Weltkriegs.** Hier werden die Ereignisse in einen größeren Kontext gestellt, wobei auf trockene Didaktik verzichtet wird. Multimediale Präsentation, historisches Film- und Fotomaterial und inszenierte Alltagsszenen sollen die Jahre 1939–45 so anschaulich schildern, dass man sich als unmittelbarer Zeitzeuge fühlt.

Muzeum II Wojny Światowej, ul. Wałowa, www.muzeum1939.pl; eine Filiale befindet sich auf der Westerplatte; Eröffnung 2011/2012.

Alte Vorstadt und Speicherinsel

Als Danzig im ausgehenden Mittelalter aus allen Nähten platzte, wurde das Gelände südlich der Rechtstadt trockengelegt und als ›Vorstadt‹ mit Handelshäusern und Speichern bebaut. Vor allem im Umkreis der Peter-und-Paul-Kirche siedelten sich viele Handwerksbetriebe an. An der Alten Mottlau wurden Schiffe beladen und es entstanden kleinere Werftanlagen. Heute wirkt die Vorstadt mit ihren vielen Plattenbauten auf den Besucher nicht gerade einladend. Von der schmucken Rechtstadt ist sie durch eine verkehrsreiche Straße, den Vorstädtischen Graben (Podwale Przedmiejskie), getrennt. Einzige bedeutende Sehenswürdigkeit ist die Trinitatiskirche mit dem angeschlossenen Nationalmuseum. Die **Trinitatiskirche** ist ein Meisterwerk der Backsteingotik. Sie gehört den Franziskanern und entstand in den Jahren 1422–1514. Der dreischiffige Hallenbau ist die zweitgrößte Kirche der Stadt: Prächtige Giebel mit filigranen Türmchen schmücken die Fassade, Blickfang im Innern ist das gotische Gestühl (wird zur Zeit restauriert). Epitaphien erinnern an wichtige Persönlichkeiten, so an den Humanisten Bonicfacio, Stifter der ersten öffentlichen Bibliothek Danzigs, und an Bartholomäus Keckermann, Professor am Akademischen Gymnasium. Dieses belegte ab 1558 die Klosterräume, nachdem Protestanten kurz zuvor die Franziskaner (im Volksmund »Graumönche« genannt) verdrängt hatten. 1945 erhielten diese zwar die Kirche zurück, nicht aber das Kloster – darin befindet sich heute das Nationalmuseum, worauf die Stadt nicht verzichten will.

Trinitatiskirche (Kościół Św. Trójcy), ul. Św. Trójcy 4.

Berühmtestes Gemälde des **Nationalmuseums** ist das 1473 vollendete Triptychon von Hans Memling, dessen Kopie in der Marienkirche hängt. Das monumentale Altarbild ist freilich nicht der einzige Grund, weshalb sich der Museumsbesuch lohnt. In schönen Sälen mit Kreuzgewölben sind Danziger, flämische und niederländische Maler ausgestellt, außerdem mittelalterliche Skulpturen aus den Kirchen Ostpommerns. Auch das Kunsthandwerk kommt nicht zu kurz: Goldschmiede- und Zinnarbeiten, Möbel und Textilien veranschaulichen das hohe Niveau Danziger Werkstätten.

Nationalmuseum (Muzeum Narodowe),
ul. Toruńska 1,
www.muzeum.narodowe.gda.pl,
Di–So 10–17 Uhr, Eintritt 2,50 €.

Von den alten Befestigungsanlagen der Vorstadt blieb leider nur der 1461 erbaute **Weiße Turm** (Baszta Biała) an der ul. Rzeżnicka knapp südlich der Trinitatiskirche erhalten. Noch weiter außerhalb wurde im 17. Jahrhundert der Befestigungsring gegen die Schweden geschaffen.

Ewiger Nomade: Giovanni Bernardino Bonicfacio

»Die Knochen wurden allzu lange über Wasser und Land gezerrt, hier endlich fanden sie Ruhe von den Irrungen.« So steht's in lateinischer Sprache auf der Grabplatte von Giovanni Bernardino Bonicfacio (1517–1597), einer schillernden Gestalt der Renaissance. Als junger, dem Protestantismus zugewandter Mann hatte er seine Heimatstadt Neapel verlassen müssen und anschließend fast sein gesamtes Leben auf Wanderschaft verbracht. Hungrig nach Wissen und Erfahrung reiste er von Italien nach Schottland und von Frankreich nach Skandinavien, wobei er stets den Kontakt zu den großen Aufklärern suchte. Auf Besitz legte Bonicfacio keinerlei Wert, um so mehr interessierten ihn Bücher, die für ihn »Heilmittel des Geistes« waren. Tausende von Wälzern, fein säuberlich in Kisten verpackt, begleiteten ihn auf all seinen Reisen. Doch als er 74 war und das Augenlicht schwächer wurde, war es mit der Lust am Reisen vorbei. Seine unfreiwillig letzte Fahrt führte ihn von England nach Pommern: Das Schiff strandete nahe Weichselmünde auf einer Sandbank - der Bücherwurm samt seiner Fracht konnte nur mit Mühe gerettet werden. Ein Danziger Kaufmann in der Hundegasse (ul. Ogarna) nahm ihn zunächst bei sich auf, doch schon bald zog Bonicfacio ins Akademische Gymnasium im ehemaligen Franziskanerkloster. So dankbar war er über die großzügige Behandlung, dass er all seine Bücher der Stadt vermachte. Er erlebte es noch, dass sie als ›Bibliotheca Senatus Gedansis‹, erste öffentliche Bibliothek der Hansestadt, eingeweiht wurde. Mit einer Tafel im Nordschiff der Trinitatiskirche wird des Nomaden gedacht.

Von den 14 damals gebauten Bastionen bestehen noch sechs, so das Niedertor (Brama Niżinna) und die Gertrud-Bastion (Bastion Gertrudy).

Seit geraumer Zeit gibt es Pläne, die **Speicherinsel** (Wyspa Spichrzów) herauszuputzen. Ihre Geschichte reicht ins 15. Jahrhundert zurück, als Danzig mit Amsterdam um die Herrschaft im Seehandel konkurrierte und große Lager nötig waren, um die Schätze der Stadt zwischenzulagern: nicht nur um sie von einem Schiff aufs nächste zu verladen, sondern auch um bei Bedarf eine künstliche Knappheit zu erzeugen und dadurch einen Preisanstieg zu erzwingen. 1576 schuf man die Neue Mottlau, einen künstlichen Kanal, und machte den Speicherbezirk zu einer Art Insel. Sie war der ideale Ort, um Getreide und Lebensmittel, Tuch und Leder, Metall- und Keramikprodukte zu

Auf alt getrimmt – moderne Architektur auf der Speicherinsel

speichern. Weil sie von Wasser umgeben war, war sie vor Feuer geschützt - und überdies, da alle Brücken nach Einbruch der Dunkelheit hochgeklappt wurden, sicher vor Dieben. Wer es dennoch wagte überzusetzen, jubelte nicht lang: Halbwilde Hunde, schrieb der polnische Schriftsteller Kraszewski, waren bereit, »jeden Unbekannten zu verschlingen, der es wagte, sich dorthin zu begeben«. So kann es nicht verwundern, dass immer mehr Schätze auf der Insel gelagert wurden. Zur Blütezeit des Handels gab es über 300 mächtige Speicher, ein jeder mit eigenem Namen (z.B. ›Arche Noah‹, ›Graue Gans‹, ›Königin der Nacht‹) und eigenem, deutlich an der Fassade angebrachten Wappen.

Erst spät hat man damit begonnen, die Kriegsschäden zu beheben. Zur Jahrtausendwende wurden viele Speicher entlang der Mottlau rekonstruiert, Anwaltskanzleien und Versicherungsgesellschaften zählen zu den neuen Besitzern. Inzwischen sind auch die Arbeiten entlang der Milchkannengasse (ul. Stągiewna) weit vorangeschritten. Kunstgalerien bemühen sich um Nutzung des Milchkannentors (Stągwie Mleczne). Dabei handelt es sich um zwei Wehrtürme aus dem frühen 16. Jahrhundert: der größere, von dem früher die Kanonen abgeschossen wurden, hat die Form einer Milchkanne, der kleinere, etwas schwächlich dreinschauende, ähnelt einem ›Sahnetopf‹.

Hafen und Westerplatte

Auf einem Ausflug zur Westerplatte lernt man die Danziger Werft und die Hafenanlagen kennen. Die Tour startet an der **Anlegestelle am Grünen Tor** (Przystań przy Zielonej Bramie) längs der belebten Uferpromenade, der ›Langen Brücke‹ (Długie Pobrzeże). Hat das Schiff abgelegt, erkennt man den wehrhaften Charakter der Rechtstadt: Wie mächtige Riegel schieben sich das Brotbänken- und das Frauen-, das Heiliggeist- und das Krantor vor die dahinter verborgenen Gassen. Zur Rechten liegen die Speicherinsel (Wyspa Spichrzów), die einstige Schatzkammer Danzigs, und die von ihr durch einen kleinen Fluss abgetrennte Bleihofinsel (Ołowianka) mit dem Meeresmuseum und dem dahinter liegenden Jachthafen (Marina Gdańsk).

Hinter dem ehemaligen Fischmarkt, an dem heute nur noch wenige Kutter vor Anker liegen, beschreibt die Mottlau einen weiten Rechtsbogen. Zur Linken sieht man die Riesenkräne der berühmten **Danziger Werft** (Stocznia Gdańska), die erst nach dem Kaiser, später nach Zusammenlegung mit der Schichau-Werft nach Lenin benannt worden war. In ihrer Glanzzeit, Mitte der 70er-Jahre, waren hier knapp 20.000 Arbeiter beschäftigt. Häufig kam es in ihrer Geschichte zu dramatischen Streikaktionen. Auch der große Streik von 1980 nahm hier seinen Ausgang, der zur Legalisierung der Solidarność führte und den Sturz des Sozialismus einleitete. Doch der Systemwechsel brachte der Danziger Werft keinen Aufschwung. 1997 mußte sie Konkurs anmelden und wurde stillgelegt. Die daraufhin einsetzenden Proteste bildeten freilich nur noch einen kläglichen Abglanz jener einst kraftvollen ›Solidaritäts‹-Bewegung. Wieder gab es brennende Autoreifen, Sitzstreiks und Demonstrationen, doch man ließ die Arbeiter ins Leere laufen und würdigte sie nicht einmal des Schlagstocks – und da war keine Gewerkschaftsführung mehr, die bereit gewesen wäre, auf die ihnen vom Staat gewährten Privilegien zugunsten enttäuschter Arbeitsloser zu verzichten. Nun soll auf dem Gelände der Danziger Werft nach dem Vorbild der Londoner Docklands eine Wohnsiedlung für Reiche entstehen. Bis es so weit ist, werden die riesigen Räume von jungen Künstlern genutzt. Sie betreiben hier Ateliers, Ausstellungsräume und Tanz-Workshops. Neben dem Denkmal der gefallenen Werftarbeiter (s. S. 87) informiert die Ausstellung **»Wege zur Freiheit«** multimedial über die Geschichte der Solidarność.

Wege zur Freiheit / Roads to Freedom
(Drogi do Wolności), ul. Wały Piastowskie 24, www.fcs.org.pl, Mo geschl.

Am Polnischen Haken (Polski Hak), einer Halbinsel, auf der die Flößer einst ihr Quartier hatten, mündet die Mottlau in die **Tote Weichsel**, einen von drei

Blick auf den Hafen und die Danziger Werft

heute bestehenden Weichselarmen. Als es im Februar 1840 zu einem riesigen Eisstau östlich von Danzig kam, trat der Fluss einige Kilometer vor der Stadt über die Ufer und bahnte sich einen neuen Zugang zum Meer. Bis heute wird dieser vom Fluss erkämpfte Abschnitt ›Kühne Weichsel‹ (Smiała Wisła) genannt – im Gegensatz zum 1895 weiter östlich angelegten Weichseldurchstich (Przekop Wisły) und dem durch zahlreiche Schleusen ›still gestellten‹, deshalb für ›tot‹ erklärten Weichselarm (Martwa Wisła).

Und auch der **Hafen** ist nicht mehr das, was er früher einmal war. Bis zum späten 18. Jahrhundert befand er sich am Ufer der Mottlau zwischen Speicherinsel und Rechtstadt. Doch weil der Fluss immer stärker versandete, wurden die Anlagen in Richtung Ostsee verschoben. Der heutige Hafen beginnt am Kaschubischen Kanal und dehnt sich über die Tote Weichsel bis zum Hafenkanal aus. An beiden Ufern sind rostige Kähne vertäut, werden fit gemacht für die nächste Fahrt auf hoher See.

An einer strategisch wichtigen, schon weit flussabwärts gelegenen Stelle entstand zur Zeit des Deutschen Ordens die **Festung Weichselmünde** (Wisłoujście). Einlaufende Schiffe entrichteten hier ihren Zoll, eine über den Fluss gespannte Kette hinderte sie daran sich vorbeizuschmuggeln. Vor allem im 16. und 17. Jahrhundert wurde die Festung mehrfach erweitert und überstand manche Belagerung. Unter preußischer Herrschaft diente sie als

Gefängnis, heute werden an der teilweise verfallenen, aber immer noch imposanten Anlage Sicherungsmaßnahmen durchgeführt. Vorbei an dem 1772 von Preußen angelegten Neuen Hafen (Nowy Port) gelangt man zur **Westerplatte**, jener Halbinsel an der Mündung der Weichsel, deren Name jedem polnischen Schulkind bekannt ist. Ursprünglich ein beliebter Badestrand der Danziger, war sie Polen nach dem Ersten Weltkrieg zwecks Stationierung einer Militärbasis zugesprochen worden. Am 1. September 1939 beschoss der deutsche Kreuzer ›Schleswig-Holstein‹ das polnische Munitionsdepot - eine von mehreren Angriffshandlungen, mit denen der Zweite Weltkrieg ausgelöst wurde. Sechs Tage lang trotzten 182 polnische Soldaten der deutschen Übermacht, bevor sie sich ergaben. Die Ruinen der Kasernen blieben als Mahnmal erhalten, im Wachhaus Nr. 1 (Wartownia Nr. 1) informiert eine Ausstellung über die Ereignisse jener Tage. Zu Ehren der ›Verteidiger der Westerplatte‹ wurde am äußersten Zipfel der Landzunge ein gewaltiges Monument aufgestellt - ein »Symbol für polnischen Mut und Opferbereitschaft« (Aleksander Kwaśniewski).

Westerplatte, ul. Sucharskiego 1, Mai–Okt. Di–So 9–16 Uhr, mit Schiff 30 Minuten ab Anlegestelle am Mottlauufer, auch erreichbar mit Bus 106 ab Hauptbahnhof Gdańsk.

Schimkys & Wasserpollacken

Das Grüne Tor, schrieb Johanna Schopenhauer Ende des 18. Jahrhunderts, war der Ort, an dem die polnischen Flößer eintrafen. Sie hatten Hunderte von Kilometern auf der Weichsel zurückgelegt, ihre Kähne waren voll beladen mit Getreide und Holz: »Schiffe sind die schlecht zusammengezimmerten Fahrzeuge eigentlich nicht, aus welchen jene Flotte besteht, sie scheinen so unbequem und zerbrechlich, daß man kaum begreift, wie sie den weiten Weg glücklich zurücklegen konnten, ohne unterzugehen; auch werden sie am Ende ihrer Laufbahn zerschlagen, das Holz wird verkauft, und die Mannschaft mag zusehen, wie sie durch Moor, Heide und unwegsame Urwälder zu Fuße wieder nach Hause gelangt …« Und die Schriftstellerin stellt sich die Reaktion eines Fremden vor, der vom Mottlauufer aus das Treiben beobachtet: »Er hätte glauben müssen, auf einer der damals kaum entdeckten Südseeinseln, mitten unter die Kanus der Wilden geraten zu sein, so durchaus uneuropäisch sahen die Schimkys und die ganze Flotille noch jetzt aus … Ihr Leben wird so hoch gehalten wie der eines Hundes oder Pferdes. Der Edelmann, der aus Versehen einen von ihnen erschlug, zahlte, ohne weitere richterliche Prozedur zehn Taler Strafe, und damit war die Sache abgetan und vergessen.«

Zentrales Meeresmuseum – passenderweise am Wasser

SKIE

Oliva (Oliwa)

Auf halber Strecke zwischen Danzig und Zoppot liegt das nach einem Olivenbaum benannte Viertel Oliva, berühmt für seine prächtige Kathedrale inmitten eines weiten Parks. Der Ort erstreckt sich am Fuß eines dicht bewaldeten, von Tälern durchzogenen Höhenzugs und gilt als Danzigs beste Wohngegend. In einer der vielen Patriziervillen lebt Lech Wałęsa, einstmals Elektriker, Begründer der Solidarność und polnischer Präsident. Westlich geht der Stadtpark in das Danziger Hochland über, im Osten erstreckt sich eine große Plattenbausiedlung mit dem beschönigenden Namen *Przymorze* (Am Meer).

Anfahrt: Mit dem Vorortszug (kolejka) von Danzig via Wrzeszcz bis zum Bahnhof Oliwa oder mit Straßenbahn 6/12 bis zur Haltestelle Oliwa Petla; durch den Park direkt zum ehemaligen Kloster und zur Kathedrale.

Die Klosteranlage ist das Werk der **Zisterziensermönche**, die auf Einladung des Pommerellenfürsten 1178 ins Land kamen. Mit Kreuz und Spaten zivilisierten sie das Land: Sie missionierten die Heiden und brachten ihnen bei, wie man mit der Dreifelderwirtschaft dem Boden höhere Erträge abringen kann. Auch gründeten sie Brauereien, Wasser- und Ölmühlen, Schmieden und andere Werkstätten. Als Gegenleistung erhielten sie vom Fürsten Dörfer und Ländereien, dazu den Zehnten von allen Schänken und Schiffszöllen. Im Frischen Haff und auf offener See durften sie unbeschränkt auf Fischfang gehen - ein Privileg, dass sonst niemandem erteilt wurde. Kein Wunder, dass die armen Mönche binnen kurzer Zeit zu den Wohlhabendsten zählten. Auf dem Höhepunkt ihrer Macht besaßen sie 52 Dörfer von der Ostsee bis zur Kaschubei, dazu zahlreiche Vorwerke, Mühlen und sogar eine eigene Flotte.

Nach der Ersten Polnischen Teilung 1772 beschlagnahmte der preußische Staat alle Zisterziensergüter - der starke katholische Einfluss war im evangelischen Königreich unerwünscht. Nach dem Tod des polnischen Abts wurde ein preußenfreundlicher Kandidat eingesetzt, bevor 1831 das Kloster gänzlich aufgehoben wurde. Nur die Kirche stand den Katholiken weiterhin zur Verfügung.

Der Besuch der **Kathedrale**, der ehemaligen Zisterzienserkirche, ist für alle Danzigtouristen ein Muss. Sogleich wird der Blick auf die beiden, dem Himmel entgegenstürmenden Türme gelenkt. Doch nicht nur in der Höhe, auch in der Länge beeindruckt die Kirche mit gewaltigen Proportionen. Mit 107 Metern ist sie eines der längsten Gotteshäuser Polens, wirkt mit ihren weißgetünchten Wänden und raffinierten Sterngewölben ungewöhnlich luftig und hell. Die ältesten Teile der Kirche, die Pfeiler des Hauptschiffs und die Außenwände des Querschiffs, stammen aus

Die Kathedrale von Oliva

der romanischen Bauphase um 1200, das jetzige Gewölbe mit den Wappen der Danziger Familien stammt aus dem Jahr 1594. Im 17. Jahrhundert erschien den Mönchen das asketisch-strenge, an die Gotik gemahnende Interieur nicht mehr zeitgemäß – sie lockerten es auf mit 23 barocken, goldstrotzenden Altären. Schmuckstück der Kirche ist die Orgel, die mit ihren 7876 Pfeifen

Die prächtigen Gewölbe der Kathedrale

zu den größten und klangvollsten in Europa zählt. Sie wurde in 25-jähriger Feinarbeit (1763–88) vom ermländischen Meister Johann Wulf hergestellt, der sich damit in die Annalen der Musikgeschichte einschrieb. Anonym blieben die vielen Holzschnitzer, die den herrlichen Prospekt mit lebensgroßen Heiligenfiguren schufen. Im Sommer gibt es mehrmals täglich Kostproben des gewaltigen Orgelklangs; Konzerte mit international renommierten Interpreten finden während des Festivals *Musica Sacra* im Juli und August statt.
Nahe der Orgel, im linken Seitenschiff, entdeckt man ein Renaissance-Grabmal, das der flämische Bildhauer Willem van den Blocke schuf. Es zeigt die Patrizierfamilie Kos im Gebet; ihre starre, von sozialem Zwang diktierte Pose kontrastiert mit den individuellen Gesichtszügen. Nicht ganz so eindrucksvoll ist das Grabmal der pommerellischen Herzöge im rechten Seitenschiff; es wurde aus schwarzem Marmor gefertigt und huldigt den »Gründern dieses Hauses«.

Kathedrale Oliwa (Katedra Oliwska), ul. Biskupa Edmunda Nowickiego 5, www.archikatedra.diecezja.gda.pl, Mo–Fr 9–17, Sa 9–15, So 14–17 Uhr.

Vom rechten Seitenschiff gelangt man zu den Kreuzgängen des **Klosters**, die einen romantischen Garten umfassen. Inmitten von Kräuter- und Blumendüften widmeten sich hier die Zisterziensermönche dem Gebet. Auch heute sieht man wieder langgewandete, murmelnd auf und ab schreitende Männer: das Kloster dient als Priesterseminar. Angeschlossen ist das **Diözesanmuseum**, in dem golddurchwirkte Messgewänder sowie kostbare Gemälde und Skulpturen ausgestellt sind. Nicht zugänglich ist der »Friedenssaal«, in dem 1660 mit dem »Friedensschluss von Oliva« die fast 50 Jahre dauernde Phase der schwedisch-polnischen Kriege beendet wurde.

Kloster (Klasztor) & **Diözesanmuseum** (Muzeum Diecezjalne), ul. Cystersów 16, Tel. 058-5520050, Di–So 10–16 Uhr

Im Schatten der Klosteranlage liegt der **Palast der Äbte**. Er entstand im 15. Jahrhundert und wurde im 18. Jahrhundert um einen Flügel erweitert. Dieser »neue«, im Stil des Rokoko umgestaltete Palast beherbergt heute eine **Galerie moderner Kunst**, in der wechselnde Ausstellungen gezeigt werden. Der »alte« Palast kann zur Zeit nicht besichtigt werden.

Palast der Äbte (Pałac Opacki) & **Galerie moderner Kunst** (GaleriaSztuki Wspólczesnej), ul. Cystersów13, Di–So 10–16 Uhr, Eintritt 2,50 €.

Schräg gegenüber, im ehemaligen **Abteispeicher**, macht ein **Ethnographisches Museum** mit Kunst und Kultur der Kaschuben vertraut; außer bemalten Möbeln sieht man Webarbeiten, Holzschnitzereien und Fischereigerät.

Abteispeicher (Spichlerz Opacki) & **Ethnographisches Museum** (Muzeum Etnograficzne), ul. Cystersów 18, Oliwa, Di–So 10–17 Uhr, Eintritt 2 €.

Der ans Kloster angrenzende **Stadtpark** (Park Oliwski) wurde im späten 18. Jahrhundert angelegt. Der französische Garten vor dem Palast der Äbte wurde in der Folge um einen englischen, vom Potsdamer Landschaftsarchitekten Georg Saltzmann entworfenen Garten erweitert – mit exotischen Bäumen, Teichen und Kanälen, Wasserfall und Flüstergrotte. Im »Palmenhaus« (Palmaria) kann man in tropische Welten eintauchen, im »Alpinarium«, einem schön angelegten Steingarten aus dem Jahr 1920, wird man mit seltener Gebirgsflora vertraut gemacht. In Erinnerung bleibt vor allem das breite Spalier der Buchenallee – der polnische Schriftsteller Józef Ignacy Kraszewski hat es in einem seiner Bücher verewigt.

Stadtpark (Park Oliwski), bis zur Dämmerung geöffnet.

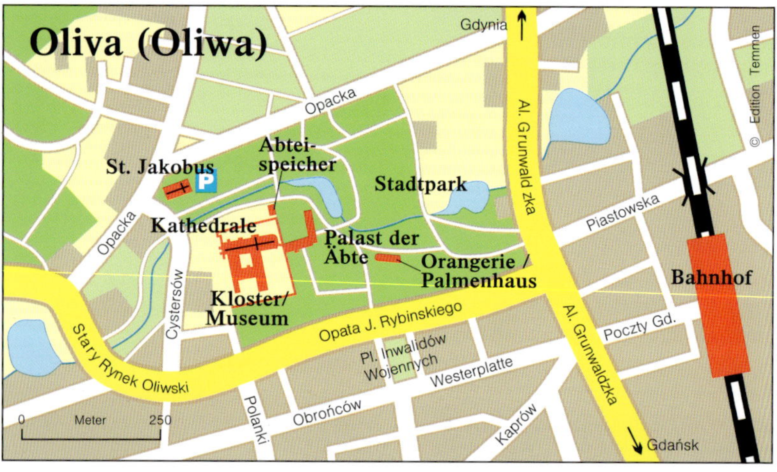

Der Palast der Äbte

Motorisierten Besuchern sei ein Abstecher zum Danziger **Zoo** empfohlen (2 km westwärts via ul. Opacka und ul. Spacerowa). Unterwegs hat man die Möglichkeit, rechts der Straße den Mons Olivarum (Góra Pachołek), einen 101 m hohen Aussichtsberg zu besteigen – mit schönem Blick über Oliwa. Nicht nur Kinder freuen sich über den Danziger Zoo. Über 600 Tiere aus aller Welt leben hier in weitläufigen, artgerechten Gehegen: Tiger, Löwen, Antilopen, Bären und Wölfe, Zwergflusspferde und Kamele. Besucher haben allerdings eine Strecke von immerhin fünf Kilometern zurückzulegen – sie können es sich aber auch auf Teilstrecken in Kutsche und Bimmelbahn bequem machen!

Zoo (Ogród zoologiczny), ul. Karwieńska 3, www.zoo.gd.pl, tgl. 9–19 Uhr (im Winter 9–14 Uhr), Eintritt 3 €.

Über die mit Linden gesäumte Grunwaldzka-Allee geht es von Oliwa nach Danzig – immer parallel zur Zuglinie – zurück. Dabei passiert man weitere Parkanlagen, das Sportzentrum Olivia und die Danziger Universität. Freunde

Ein Nobelpreis und seine Folgen

An einem grauen Herbsttag im Jahr 1999 herrschte in der ul. Lelewela große Aufregung. Journalisten aus allen Ecken der Welt stürmten in das zweistöckige Mietshaus, wo Günter Grass, der frisch gebackene Nobelpreisträger für Literatur, seine Kindheit verbracht hatte. Von Anna Jurczyk, die jetzt in diesem Haus wohnte, erfuhren die Reporter, dass Grass, während er die *Blechtrommel* schrieb, mehrfach hierher gekommen sei. »Er hat unsere Wohnung besichtigt, in der er einmal gewohnt hat, und hat mit meiner Tochter geplaudert und ihr versprochen, er werde ihr, sobald er das Buch fertig habe, ein Exemplar mit Widmung schicken. Nun sind 40 Jahre vergangen«, sagte sie lachend, »doch das Buch ist immer noch nicht da.«
Ein Jahr später, als Grass Danzig besuchte, hatte er es dabei. Als er vom Stadtpräsidenten gefragt wurde, wie man ihn ehren könnte, bat er um Toiletten für sein Geburtshaus: »Die kann man dann von mir aus nach mir benennen.« Doch vorerst müssen die Toiletten warten, ein kleines Denkmal nahe dem Haus (pl. Wybickiego) hatte Vorrang. Es stellt Oskar aus der »Blechtrommel« dar, einen Dreikäsehoch auf einer Bank, der gedankenverloren sein Instrument traktiert.
Schon jetzt sind viele Touristen »Auf den Spuren von Günter Grass« unterwegs – auf der Suche nach dem Spielzeugladen im Alten Zeughaus, wo Oskar seine Trommel her bekam, nach dem Stockturm, von dessen Spitze der Dreikäsehoch die Fenster des Stadttheaters zersang, nach dem Postamt, in dem sein Onkel arbeitete, nach den Maiwiesen, wo er den Nazi-Märschen seine Walzerweisen ›unterjubelte‹ und nach dem Friedhof Saspe, wo sein mutmaßlicher und sein offizieller Vater beigesetzt waren.

von Günter Grass machen Station im Stadtteil **Langfuhr** (Wrzeszcz), am Spielort der *Blechtrommel*, dem ersten Roman der Danziger Trilogie. Vielerorten phantasielose Neubausiedlungen, doch dazwischen auch Spuren einstigen Wohlstands – vor allem im Jäschkental (Jaskowa Dolina), wo sich um die Wende vom 19. zum 20. Jahrhundert deutsche Fabrikbesitzer und Beamte schöne Villen bauen ließen. Grass' Geburtshaus steht in der ul. Lelewela, dem früheren Labesweg (Haus Nr. 13), erreichbar ab Bahnhof Wrzeszcz über die kopfsteingepflasterte ul. Wajdeloty und die am Rondell links abbiegende ul. Aldony. Viele alte Häuser stehen hier noch, vielleicht, hofft man, werden sie eines Tages restauriert.

Zoppot (Sopot)

Gut drei Kilometer nördlich von Oliva, am Fuß bewaldeter Hänge, liegt der Badeort Zoppot mit seinem langen weißen Sandstrand. Schon im 16. Jahrhundert war das Fischerdorf eine beliebte Sommerfrische der Danziger Patrizier. Seinen Aufstieg zu einem berühmten Kurbad verdankt es einer Episode im frühen 19. Jahrhundert: Ein französischer Arzt, der im napoleonischen Heer dienende Jean-George Haffner, war beim »Durchmarsch gen Osten« so von der Gegend um Sopot begeistert, dass er sich anschließend hier niederließ und eine Arztpraxis gründete. Das milde Seeklima, verkündete er, sei Balsam für Körper und Geist. 1823–27 baute er eine Badeanstalt, ein Kurhaus und einen Seesteg, aus dem die heutige Mole hervorging. Vor allem nach Fertigstellung der Eisenbahnlinien nach Berlin und Warschau (1870) wurde der kleine Ort an der Danziger Bucht immer beliebter. In der Folgezeit entstanden zahlreiche Villen im Jugendstil, einige von ihnen werden noch heute als Hotels und Pensionen genutzt.

2001 feierte die Stadt ihr hundertjähriges Jubiläum. Sie zählt ca. 40.000 Einwohner und ist neben dem westlich gelegenen Kolberg (Kołobrzeg) das populärste Seebad des Landes. Heilendes Wasser sprudelt im Nordpark aus ei-

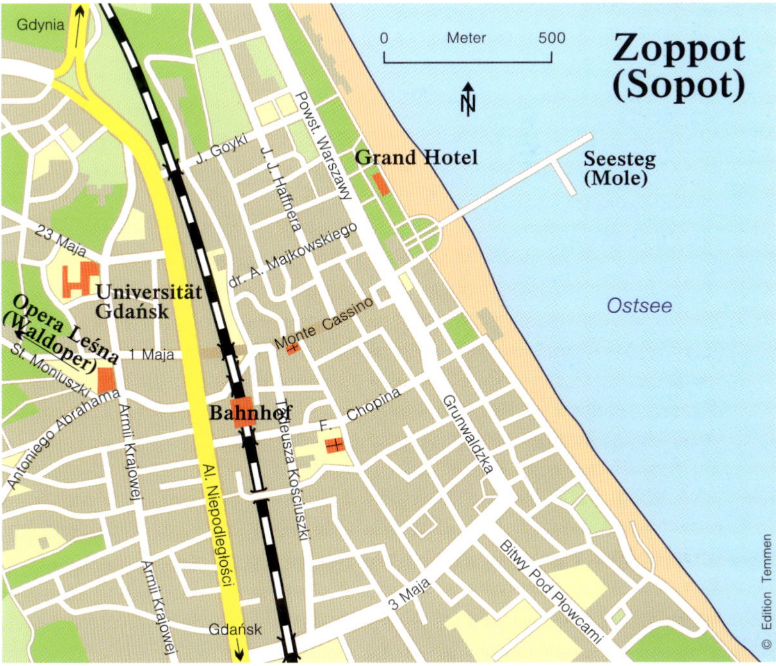

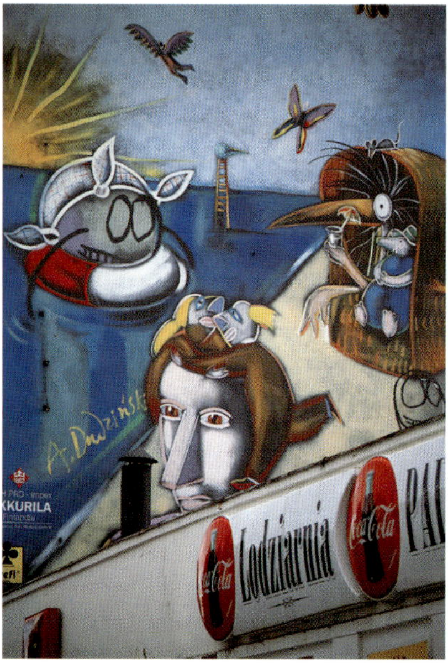

Vogel Dudi im Strandkorb

ner Tiefe von 800 Metern sowie in der Trinkhalle gleich neben dem Seesteg. Auf der Promenade trifft sich im Sommer alles, was Geld und gute Laune, aber auch Lust auf Abenteuer hat. Der Strand ist insgesamt 4 km lang und abschnittsweise auch von Rettungsschwimmern betreut. Dank intensiven Umweltschutzes ist das Wasser sauberer geworden – die Zeiten, da Schilder mit der Aufschrift »Baden verboten« aufgestellt werden mussten, gehören hoffentlich der Vergangenheit an.

Anfahrt: Ab Gdańsk Hauptbahnhof mit Nahverkehrszug (kolejka) etwa alle 10 Minuten (Fahrzeit 25 Minuten) oder mit Fähre ab Grünem Tor (Fahrzeit 35 Min.). Am besten aussteigen an der Station Sopot (Hauptbahnhof); nächste Station in Richtung Danzig ist Sopot Wyścigi (Südliche Vorstadt), nächste Station in Richtung Gdingen ist Sopot Kamienny Potok (Nördliche Vorstadt).

Mittelpunkt der Stadt ist die **Flaniermeile Monte Cassino**, die sich von der neugotischen Erlöserkirche bis zur Küste hinabsenkt. Sie ist von Bürgerhäusern der Belle Époque gesäumt, altertümliche Laternen verleihen ihr nostalgisches Flair. Wo nackte Hauswände aufragen, sind sie mit farbenfrohen Graffiti bemalt, am auffälligsten ist das Gemälde *Vogel Dudi im Strandkorb*, das der in Polen bekannte Künstler Andrzej Dudziński geschaffen hat. Im Sommer herrscht auf der Monte-Cassino-Straße von früh bis spät ein reges Treiben. Mit dem Eis in der Hand spaziert man auf und ab, sieht und wird gesehen. Die Schickeria präsentiert ihre neuesten Klamotten, Straßenmusikanten ziehen von Café zu Café. Nahe der Küste weitet sich die Straße zum »Gesundheitsplatz« (plac Zdrojowy) mit Springbrunnen und viel Grün. Vor uns liegt zur Linken das fünfstöckige **Kurhaus** (Dom Zdrojowy), das mit dem Sheraton-Hotel eine architektonische Einheit darstellt. In der Trinkhalle kann man frisches Mineralwasser kosten, ans Spa ist eine Chillout-Lounge angeschlossen. Voraussichtlich ab 2011 hat hier auch die Staatliche Kunstgalerie ihren Sitz. Renoviert wurde auch die **Badeanstalt** von 1903, die mit ihrer Kuppel und den

Das Portal der Badeanstalt von 1903

vorspringenden Türmchen wie ein properes kleines Schloss anmutet. Über ihrem Portal prangt das Stadtwappen, eingerahmt von Meeresgöttern: eine üppig beleibte Nixe bläst ins Horn, ergriffen lauscht ihr Begleiter Neptun. In dem Bad ließ man sich früher massieren und therapieren, danach zog man sich in den Lesesaal zurück, widmete sich der Zeitung oder einem guten Buch. Heute ist das leider noch nicht wieder möglich, dafür bietet sich von dem hoch aufschießenden Turm ein weiter Blick über die Danziger Bucht.

Kurhaus (Dom Zdrojowy), ul. Powstańców Warszawy 2–6. Badeanstalt (Zakład Balneologiczny), ul. Grunwaldzka 1–3.

Die polnischen Helden von Monte Cassino

Warum, so fragt sich der Besucher, ist Zoppots Flaniermeile nach einem italienischen Ort benannt? Montecassino ist eine Benediktinerabtei auf einem über 500 m hohen Berg über der Stadt Cassino in Latium. Anfang 1944 entflammten heftige Kämpfe zwischen Faschisten und Alliierten entlang der Verteidigungslinie am Kloster. Zwar wurde das Kloster am 15. Februar durch US-Bomben zerstört, doch auch danach kamen die Bodentruppen der Alliierten keinen Fußbreit voran - bis ihnen schließlich am 12. Mai das Polnische Korps zu Hilfe kam. Nach sechs Tagen brach der Widerstand der Deutschen zusammen: für die Alliierten war der Weg nach Rom endlich frei.

Blick von der Mole in Sopot aufs neue Kurhaus, Sheraton und Grand Hotel

Beschwipstes Haus an der Flaniermeile

Souvenir, Souvenir ...

Gegen Zahlung einer kleinen Gebühr kann man den Spaziergang auf dem **Seesteg**, dem »Salon der Stadt«, fortsetzen. 512 m ragt er ins Meer hinaus und ist damit der längste der Ostseeregion. Er ist ganz aus Holz erbaut und strahlend weiß gestrichen. Wellen schlagen an die Planken und hinterlassen einen Geruch von Tang. Entlang der Mole verkaufen Wetter gegerbte Seeleute Muscheln aus aller Welt, Porträtmaler bieten ihre Dienste an. Auf einer der vielen Bänke lässt man sich zum Sonnenbad nieder oder besteigt ein Ausflugsschiff der Weißen Flotte, das Kurs nimmt aufs offene Meer.

Seesteg (Molo), in der Regel bis 22 Uhr geöffnet.

Von der Mole gleitet der Blick hinüber zum **Grand Hotel**, eine Nobelunterkunft im Stil des Art Nouveau. Als es 1926 entstand, gaben sich hier Erb- und Geldadel ein Stelldichein. Nicht wenige Gäste verprassten im Casino ihr gesamtes Vermögen. Von daher leitet sich der Name »Galgenpromenade« ab; so hieß im Volksmund die Baumallee vor dem Hotel, an der sich erfolglose Spieler die Schlinge um den Hals legten. Im Grand Hotel stiegen Staatsoberhäupter und Politiker ab, darunter auch Adolf Hitler, der hier am 1. September 1939 den Euthanasiebefehl unterschrieb. Den »Gnadentod« sollten all jene finden, die für die deutsche Gesellschaft »Ballastexistenzen« waren: missgebildete Kinder, Geistesgestörte und Behinderte. Auf Grund des Befehls wurden innerhalb von fünf Jahren ca. 130.000 Menschen getötet.

Grand Hotel, ul. Powstańców Warszawy 12, Tel. 058-5510621.

Das ganz aus Holz erbaute **Südbad** lässt mit seinen steilen Knickdächern, Türmen und Greifenskulpturen an eine skandinavische Stabkirche denken. In dem exotischen Bau ist das fernöstlich angehauchte Hotel Zhong Hua untergebracht, im Restaurant wird chinesische Küche serviert. Weiter südlich am Strand sind Fischerboote aufgebockt, fast täglich fahren sie zur See hinaus. Von der Terrasse der Bar Przystań kann man die Fischer bei ihrer Arbeit beobachten.

Südbad (Łazienki Południowe), al. Wojska Polskiego 1.

Sopots Strand aus der Vogelperspektive

Gdingen (Gdynia)

Die Hafen- und Handelsstadt Gdingen liegt 21 km nördlich von Danzig, ist architektonisch wenig attraktiv, dafür aber quirlig und geschäftig. Besonders beliebt ist die ul. Świętojańska, die den Ruf genießt, eleganteste Einkaufsstraße der Dreistadt zu sein. Sie verläuft parallel zum Meer und ist auch bekannt für ihre guten und relativ preiswerten Restaurants.

Keine andere Stadt in Polen hat einen so dramatischen Entwicklungsschub erlebt wie Gdynia. Noch vor gut 100 Jahren war es ein gottverlassenes Kaschubendorf mit einigen wenigen Fischern, die bei Wind und Wetter zur See hinausfuhren. Nach dem Ersten Weltkrieg war es mit der Ruhe vorbei, denn es war Teil jenes schmalen Küstenabschnitts, der im Versailler Vertrag dem wiedererstandenen Polen zugesprochen wurde - er trennte Danzig vom Deutschen Reich und ging als »Polnischer Korridor« in die Geschichtsbücher ein. Polen war glücklich, hatte es doch endlich einen eigenen Zugang zum Meer und war nicht länger angewiesen auf gute Zusammenarbeit mit Danzig. Der damalige Staatspräsident Wojciechowski schwärmte: »Hier hat Polen keine Grenzen mehr, von hier können wir die Früchte unserer Arbeit ohne Tribut an fremde Vermittler in alle Welt bringen.« Vom Reißbrett entstand eine große Stadt im Stil der Neuen Sachlichkeit, geschaffen von den damals besten polnischen Architekten.

Doch kaum war das Werk vollendet, da marschierten deutsche Truppen ein - Gdynia wurde 1939 in ›Gotenhafen‹ umbenannt und die moderne Infrastruktur in den Dienst der deutschen Marine gestellt. Zerstörer und Panzerkreuzer starteten von hier zu Kriegseinsätzen rund ums Baltikum. Gegen Kriegsende wurde die Stadt von alliierten Bombern schwer beschädigt und musste nach 1945 vollkommen neu erbaut werden. Heute zählt Gdynia 252.000 Einwohner, ist mit seinem Container- und Fährhafen der größte Warenumschlagplatz Polens und seit 1999 wichtigster NATO-Marinestützpunkt im Baltikum.

Anfahrt: Ab dem Danziger Hauptbahnhof (Gdańsk Główna) mit Nahverkehrszug (kolejka) alle 10–20 Minuten (Fahrzeit 35 Minuten) oder mit der teureren Fähre ab Grünem Tor via Sopot (Fahrzeit 1:30 Std.).

Schönster Teil der Stadt ist die **Südmole** (Molo Południowe), die sich an den Skwer Kościuszki anschließt. Rings um den breiten, befahrbaren Steg befinden sich die wichtigsten Sehenswürdigkeiten - und alle kreisen um das Thema ›Meer‹.

Zur Linken fest vertäut liegt die stahlgraue **Błyskawica** (Blitz), einer von vier polnischen Torpedozerstörern aus dem Zweiten Weltkrieg. Das in England 1936 gebaute Schiff galt damals als das schnellste seiner Art. Es kreuzte in der Ost- und Nord-

Auch so sieht Gdynia aus:
Strand am Adlerhorst

see sowie im Mittelmeer, war zuletzt 1944 bei der Invasion in der Normandie im Einsatz. Nach dem Krieg wurde es der polnischen Marine überstellt, bevor es 1976 als Museumsschiff vor Anker ging. Bei einem Gang übers Deck kann man Abschusscontainer und Flugabwehrraketen in Augenschein nehmen. Im Inneren wird man anhand von Schiffsmodellen, Waffen und

Dar Pomorza unter vollen Segeln – normalerweise ist sie am Steg vertäut

Uniformen mit der Geschichte der polnischen Marine vertraut gemacht; Fotos dokumentieren die wichtigsten Kriegseinsätze.

Błyskawica, al. Jana Pawła II (Südmole), www.navy.mw.mil.pl, Di–So 10–12.30, 14–16.30 Uhr, 2 €.

Gleich nebenan liegt ein Schiff aus einer früheren Epoche. Mit ihrer eleganten Silhouette und den drei hohen Masten erinnert die **Dar Pomorza** an die große Zeit der Segelschifffahrt. Sie wurde zur schönsten Fregatte der Welt gekürt und schmückt jeden Prospekt der Stadt. Wechselvoll ist die Geschichte des Windjammers: 1901 in Hamburg gebaut, war es Schulschiff der Marine, kam dann als Konkursmasse des Deutschen Reiches an Frankreich und wurde über Umwege nach Polen weiterverkauft. Mehrmals hat es seinen Namen geändert, hieß ›Prinz Eitel Friedrich‹, dann ›Colbert‹ und schließlich ›Dar Pomorza‹ (Geschenk Pommerns) – denn es waren die Spendengelder polnisch-pommerscher Bürger, die den Kauf möglich gemacht hatten. Als erstes polnisches Schiff umsegelte es die Welt und gewann zahlreiche Regatten, so auch die Cutty-Sark-Trophäe im Jahr 1980. Seine letzte Fahrt führte es an die Mole der Stadt, wo es als Museumsschiff besucht werden kann. Das neue Schulschiff der polnischen Marine heißt

Das Joseph-Conrad-Denkmal

›Dar Młodzieży‹ (Geschenk der Jugend), wurde in Gdynia erbaut und legt oft neben der Dar Pomorza an.

Dar Pomorza, al. Jana Pawła II (Südmole), www.cmm.pl, Di–So 10–16 Uhr.

Das **Joseph-Conrad-Denkmal** an der Spitze der Südmole ehrt einen großen Seemann und Schriftsteller. Gleich einer Bugfigur entwächst er einem steinernen Schiffsrumpf und richtet seinen Blick gebannt auf die See. Fernweh trieb Joseph Conrad, der eigentlich Józef Korzeniowski hieß, aus dem besetzten Polen hinaus auf die Meere der Welt. In seinen Romanen *Herz der Finsternis*, *Almayers Wahn* und *Lord Jim* hat er seine Reisen literarisch verarbeitet (➢Danziger Porträts).

Joseph-Conrad-Denkmal
(Pomnik Korzeniowskiego),
Skwer Kościuszki.

Das **Ozeanographische Museum** wird in Broschüren als »zweitwichtigste Touristenattraktion Polens« (nach dem Krakauer Wawel) gepriesen. Auch wenn dies übertrieben erscheint, lohnt es sich doch, dem modernistischen Bau einen Besuch abzustatten. Größte Attraktion ist das Aquarium mit dem lebendigen Korallenriff, wo 40 verschiedene Korallenarten vereint sind. Man sieht Pflanzen und Meerestiere aus aller Welt, darunter Fliegende Fische, Bambushaie und Delfine. Im eigens geschaffenen ›Kindergarten‹ tummeln sich mehr als zehn junge Haie, die in Gdingen zur Welt gekommen sind. Weitere Meerestiere sind in den oberen Stockwerken zu sehen, allerdings präpariert in Vitrinen. In der Glasrotunde beschreibt eine eindrucksvolle Reliefkarte den Meeresboden der Ostsee. Auch erfährt man hier, welche Gefahren der Flora und Fauna im 21. Jahrhundert drohen.

Ozeanographisches Museum und Meeresaquarium (Muzeum Oceanograficzne i Akwarium Morksie), al. Jana Pawła II (Südmole), www.akwarium.gdynia.pl, tgl. 9–19 Uhr, 4 €.

Auf dem Weg zurück in die Stadt passiert man die **Marineakade-**

Polens höchstes Hochhaus – in Gdynia

mie, einen modernistischen Bau aus den 30er-Jahren mit einem klassizistisch angehauchten Eingangsportal. Hier werden junge Männer zu Kapitänen ausgebildet, im Nebengebäude widmet man sich dem Seehandel und der Werfttechnik.

Marineakademie (Wyższa Szkoła Morska), ul. Morska 83.

Am **Musiktheater** (Teatr Muzyczny, pl. Grunwaldzki 1) beginnt der ausgeschilderte Aufstieg zum **Steinberg** (Kamienna Góra), einer Anhöhe mit weit sichtbarem, nachts beleuchtetem Kreuz. Von hier bietet sich ein schöner Ausblick auf die Danziger Bucht und den Segelhafen, wo Dutzende schnittiger Jachten vor Anker liegen. Folgt man anschließend den nach Mickiewicz und Korzeniowski benannten Straßen zur Küste, kommt man an attraktiven alten Villen aus den 30er-Jahren vorbei. Eine schmale Passage verbindet die ul. Korzenowskiego (Haus Nr. 13) mit der Uferpromenade. An ihrem Südende stößt man auf das Steilufer der **Hochredlauer Kämpe** (Kępa Redłowska), einem Naturreservat in herrlicher Waldgegend, in dem man Dachse, Füchse und Fledermäuse entdecken kann. Durch das Reservat führen mehrere Wanderwege. Am längsten, gut drei Stunden, braucht man für die Strecke am Strand entlang nach Adlerhorst (Orłowo), von wo man mit einem Pendelzug (kolejka) zurückfahren kann zu den Bahnhöfen von Gdynia und Gdańsk.

Wache schieben am Kai

Ausflüge in die Umgebung

Kaschubische Schweiz

Nur etwa 30 km westlich von Danzig taucht man in eine Landschaft, die zu den schönsten Gegenden Polens zählt und immer häufiger von Touristen besucht wird. Geschaffen, so heißt es in Legenden, wurde sie von Riesen. Wahllos hätten sie Lehmklumpen zu Boden geworfen, kübelweise Wasser entladen. So seien zahllose, zumeist lang gestreckte Seen entstanden, versteckt zwischen hoch aufgetürmten Hügeln. Geologen übersetzen die Legende in die Sprache der Sachlichkeit: In der letzten Eiszeit, erklären sie, wurde die Kaschubei geformt: Zurückweichende Gletscher schoben Erd- und Geröllwälle vor

sich her, die nach Abfließen der Schmelzwasser als Hügelketten verharrten. Auf einer Fläche von nur 3000 qkm liegen heute über 500 Seen: tiefe Rinnenseen und weit ausladende Gewässer, die als »kleine Meere« bezeichnet werden.

Ihren Namen verdankt die Region den ›Kaschuben‹, einem westslawischen Volksstamm mit eigenen Sitten und Bräuchen. In seinem Roman *Die Blechtrommel* lässt Grass das alte Mütterchen beklagen, die Kaschuben hätten zwischen Deutschen und Polen immer wie zwischen ›Hammer und Amboss‹ gelebt – den einen waren sie zu wenig deutsch, den anderen zu wenig polnisch. Ihre

Zahl wird heute auf 220.000 geschätzt. Eine kaschubische Schriftsprache gibt es nicht, wohl aber eine Literatursprache. Die Bewohner sprechen einen Dialekt, der mit dem Polnischen verwandt, aber auch mit deutschen Lehnwörtern durchsetzt ist.

Von Danzig aus sei folgende kleine **Rundfahrt** empfohlen: Vom Hauptort Kartuzy (Karthaus) führt die 22 km lange ›Kaschubische Straße‹ entlang mehrerer Seen durch den Naturpark, den landschaftlich schönsten Teil der Region. Erste Station ist der Ort Chmielno (Ludwigsdorf) am Kłodno-See, wo Familie Necel ein Museum der Kaschubischen Keramik unterhält (Muzeum Ceramiki Kaszubskiej). An der Straßengabelung bei Brodnica Górna (Ober-Brodnitz) genießt man einen herrlichen Blick auf Hügellandschaft und Seen. Weiter geht es über malerische Dörfer zum 328 m hohen, von dichten Wäldern umgebenen Turmberg (Wieżyca). Südlich von Kościerzyna (Berent) befindet sich das Freilichtmuseum von Wdzydze (Skansen, Mo geschl.). Unterkunftsprobleme gibt es in der Kaschubischen Schweiz nicht: Pensionen und Privatzimmer werden z.B. in Kartuzy, Chmielno und Kościerzyna, Burgzimmer in Bytów angeboten.

Anfahrt: Die Kaschubische Schweiz ist von einem dichten Netz schmaler Straßen durchzogen, auf denen es sich auch herrlich Rad fahren lässt. Mit Zug und Bus gut zu erreichen sind nur wenigen Ortschaften, darunter Zukowo, Kartuzy und Kościerzyna.

Putzig (Puck)

Auf dem Weg zur Halbinsel Hel lohnt ein Zwischenstopp in Puck, einer der ältesten pommerschen Siedlungen, 32 km nördlich von Gdynia. 1215 wurde der Ort erstmals urkundlich erwähnt, war schon damals ein Handelszentrum mit Burgsitz und eigenem Hafen. Die Ordensritter eroberten Puck zu Beginn des 14. Jahrhunderts; gut 100 Jahre später fiel der Ort erst an die Stadt Danzig, dann ans Königreich Polen, das hier einen Stützpunkt für seine Kriegsflotte errichtete.

Das Stadtmuseum (Muzeum Ziemi Puckiej) gibt Auskunft über die vermeintlichen Glanzpunkte der weiteren Entwicklung. Im frühen 17. Jahrhundert war Puck Stützpunkt der Kaperschiffe, die im Auftrag von König Zygmunt August II. zu Raubzügen auf dem Meer starteten. Die Stadtfestung gehörte zu den wenigen entlang der Küste, die der ›schwedischen Flut‹ standhielten. 1772 wurde Puck preußisch, 1920 abermals polnisch. Der kleine, zu Versandung neigende Stadthafen wurde für kurze Zeit Polens Tor zur Welt, bevor er von Gdynia ersetzt wurde.

Heute erfreut sich der Ort vor allem bei Seglern großer Beliebtheit. Seit 1988 verfügt er über einen Jachthafen – der Strand ist breit, nur das Wasser könnte etwas sauberer sein. Kultureller Höhepunkt im Leben der Gemeinde ist die alljährliche Pilgerfahrt der Fischer am 29. Juni. Pünktlich um 12 Uhr startet eine Armada frisch gestrichener Kutter in Richtung Hel, um sich auf halber Strecke mit den aus Kuźnica (Kussfeld) kommenden Fischern zu treffen. Dort tritt der Danziger Bischof in Aktion, der auf einem der wimpelgeschmückten Boote mitgefahren ist. Aus seinem Gepäck zaubert er das Bildnis der Mutter Gottes und macht sich daran, den Fischern auf hoher See den Segen zu erteilen. Alsdann fährt das Geschwader nach Puck zurück, wo es von den Küstenbewohnern jubelnd begrüßt wird. Es folgt eine weitere Messe in der Pfarrkirche - erst dann darf das eigentliche Fest rund um den Marktplatz beginnen.

Anfahrt: Ab Danzig mit Auto via Gdynia und Reda, mehrmals täglich auch Bus- und Zuganschluss.

Halbinsel Hel (Hela)

Am Ort Władysławowo (Großendorf), 64 km nördlich von Danzig, nimmt die Halbinsel Hel (Hela) ihren Ausgang. Häufig wird sie mit einer Sense, einem Gänsehals oder gar einem Kuhschwanz verglichen: eine 35 km ins Meer ausgreifende Landzunge, die die Putziger Bucht von der offenen See trennt. An der Nordseite ist sie von feinkörnigen und breiten Sandstränden gesäumt, die zu den schönsten der gesamten Ostseeküste gehören. An der vor starkem Wind und Wellengang geschützten Südseite entstanden Fischerdörfer. Noch im 18. Jahrhundert hat die Nehrung aus einer Reihe von Inseln bestanden, die bei Sturm vom Meer überflutet wurden. Durch angeschwemmten Sand wurden diese schließlich zu einer Landzunge vereint. Sie ist stellenweise nur 150 m breit: durch lichten Kiefernwald erblickt man sowohl die Danziger Bucht als auch die Ostsee.

Władysławowo (Großendorf), der Ort am Eingang zur Hel-Nehrung, verfügt über Polens größten Fischereihafen. Er ist nach König Władysław IV. benannt, dem Begründer der polnischen Kriegsflotte im 17. Jahrhundert. Von hier erreicht man nach ca. 10 km das Fischerdorf **Chałupy** (Ceynowa). Es liegt an der schmalsten Stelle der gesamten Halbinsel, Nord- und Südküste sind hier nur 150 m getrennt. Unter die Badegäste mischen sich seit einigen Jahren viele Surfer; außerdem ist der Dünenstrand seit vielen Jahren ein inoffizieller FKK-Spot, von der Inselverwaltung geduldet, von der katholischen Kirche skeptisch beäugt.

Jastarnia (Heisternest) ist ein vergleichsweise ruhiges, 4.000 Einwohner zählendes Fischerdorf, das sich vor allem bei Künstlern großer Beliebtheit erfreut. Einblick in den häuslichen Alltag der Bewohner vermittelt eine Fischerkate in der Rynkowa-Straße, die besichtigt werden kann. Daneben gibt es ein kleines Museum, in dem maritimes Handwerksgerät liebevoll zusammengetragen ist. Sehenswert ist auch die Dorfkirche mit einer Kanzel in Form eines Bootes, Ornamente in den

Halbinsel Hel

kaschubischen Lieblingsfarben Weiß, Blau und Grün schmücken die Wände.
Das Dorf **Jurata** ist durch Kiefern und Dünenwall vor den kühlenden Winden der Ostsee geschützt. Der Ort, der seinen Namen der baltischen Göttin verdankt, entstand in den 20er-Jahren als beliebte Sommerfrische für die polnische Oberschicht.
Besonders empfehlenswert ist der Besuch der Ortschaft **Hel** (Hela) an der Südostspitze, wo sich die Halbinsel auf etwa 3 km verbreitert. Sie ist eine der ältesten pommerschen Siedlungen und wurde schon 1219 als Fischerdorf erwähnt. Aus dem 15. Jahrhundert stammt die gotische Backsteinkirche, die ein kleines Fischereimuseum beherbergt: auf dem einstigen Friedhof sind Boote und Kutter ausgestellt (Muzeum Rybołówstwa, ul. Bulwar Nadmorski 2, Hel, Mo geschl.). Fachwerkhäuser im Stadtzentrum haben wie durch ein Wunder die schweren Gefechte des Zweiten Weltkriegs überstanden. Am 2. Oktober 1939 fiel Hel als letzter Stützpunkt der polnischen Küstenverteidigung; noch am 9. Mai 1945, einen Tag nach der ›Befreiung‹, kämpften hier deutsche Truppen gegen die Sowjetarmee. Geschützstände aus der Kriegszeit befinden sich nahe dem Leuchtturm (Latarnia Morska, ul. Bałtycka 3, Mo geschl.); von seiner 42 m hohen Spitze bietet sich ein weiter Blick über die Bucht und das angrenzende Dünengebiet.

Anfahrt: Ab Danzig mit dem Ausflugsschiff der Weißen Flotte zur Ortschaft Hel oder auch mit der Bahn; die Autostraße verläuft über Gdynia und Reda.

Marienburg (Malbork)

»Die Mächtigkeit der Burg übertraf alles, was die polnischen Ritter bisher gesehen hatten. Dem Auge schien es, als wüchsen dort die Gebäude aufeinander und ineinander, so dass man den Eindruck hatte, in diesem von der Natur her flachen Land plötzlich einen riesigen Berg zu erblicken.« Mit diesen Worten beschreibt Literaturnobelpreisträger Henryk Sienkiewicz im Roman *Die Kreuzritter* die größte Festungsanlage der mittelalterlichen Welt.
Die Ordensritter hatten die Lage mit Bedacht gewählt. Die Burg entstand am historischen Übergang über die Nogat und eignete sich vortrefflich zur Sicherung der Handelswege nach Danzig und Elbing, beide gleich weit, etwa 55 km entfernt. Die Hochburg wurde noch im 13. Jahrhundert vollendet, 1309 beschloss der Hochmeister des Ordens, Siegfried von Feuchtwangen, seinen Sitz von Venedig hierher zu verlegen. Während der knapp 150 Jahre währenden Herrschaft hielt die Burg allen Belagerungen stand. 1457 verlegten die Ritter die Hauptstadt ihres Rumpfstaates nach Königsberg und überließen die Burg böhmischen Siedlern für ausstehenden Kriegslohn. Diese wiederum

Imposant: Die Marienburg

verkauften sie für eine immens hohe Summe an den polnischen König, der die Burg fortan als Zwischenstopp auf seiner Reise nach Danzig benutzte. Doch später wurden die Besuche seltener und die Burg begann zu verfallen. Unter preußischer Herrschaft (ab 1772) diente sie als Kaserne und Manufaktur, schließlich sollte sie ganz abgetragen werden. Erst als Dichter und Architekten dieses ›Zerstörungswerk‹ öffentlich anprangerten, wurde der Abriss gestoppt und die Burg restauriert. Bei Kämpfen gegen Ende des Zweiten Weltkriegs wurde die Ostflanke der Marienburg stark

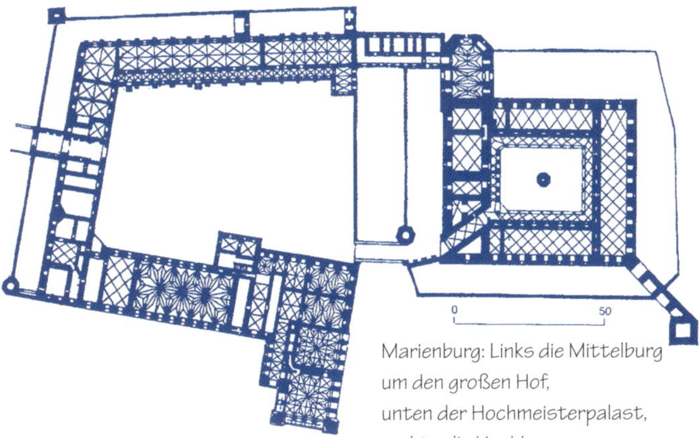

Marienburg: Links die Mittelburg um den großen Hof, unten der Hochmeisterpalast, rechts die Hochburg

Marienburg: Sommerremter

beschädigt. Ab 1960 machten sich die Polen daran, die Festung ihres einstigen Erzfeinds zu rekonstruieren und in ein Museum zu verwandeln.

Fast alle Fotos, die es von der Marienburg gibt, sind vom westlichen Nogatufer aufgenommen. Die majestätische Festung spiegelt sich im träge dahinziehenden Fluss, deutlich schälen sich ihre unterschiedlichen Teile heraus: links die von Bäumen fast verhüllte Niederburg, angrenzend die Mittelburg mit dem reich gegliederten Hochmeisterpalast und die wuchtige Hochburg mit dem Danskerturm. An die Burgmauern im rechten Bildausschnitt grenzt die Altstadt mit der Pfarrkirche und einigen wenig attraktiven Mietshäusern.

Die Besichtigung beginnt in der **Niederburg**, die Ende des 14. Jahrhunderts als letzte Bastion errichtet wurde. Allerdings blieb von ihr nur ein kleiner Teil erhalten: die Preußen haben ihre elf mächtigen Türme abgetragen, um Platz für eine Zuglinie zu schaffen. Diese verläuft nun quer durch den Vorhof, wo sich auch der Besucherparkplatz und die Kasse befinden; in den Wirtschaftsgebäuden samt zugehöriger Kapelle ist ein Hotel untergebracht, in dem man stilvoll übernachten kann.

Durch eine mächtige Toranlage gelangt man in den Innenhof der **Mittelburg** – ein gewaltiger, strenger Bau, errichtet nach 1318. Vorerst kann nur der östliche Flügel, in dem sich einst die Gästezimmer befanden, besichtigt werden. Im Bernsteinmuseum werden Schmuckstücke aus den letzten Jahrhunderten ausgestellt, darunter auch Werke aus dem Fundus der Ritter. Mit seiner reich gestalteten Fassade, seinen Zinnen und Türmen ist der **Hochmeisterpalast** (1382–1399) ein Meisterwerk der Gotik. Klösterliche Strenge und martialischer Geist sind abgestreift, stattdessen werden höfische Pracht und Eleganz zur Schau gestellt. Unbedingt ansehen sollte man sich den Sommer- und Winterremter, zwei repräsentative Säle, in denen raffinierte Sterngewölbe auf einem einzigen Pfeiler ruhen. »Ein Aufenthalt von unbeschreiblich milder Heiterkeit, wo alles Gemeine sein Recht verliert«: so notierte Joseph von Eichendorff in seiner Festschrift zur Marienburg. Alles strebt in den Räumen nach oben, wirkt anmutig und leicht - eine Herausforderung an die Schwerkraft, geschaffen von den besten Baumeistern der damaligen Zeit.

Sehr viel erdverbundener wirkt die **Hochburg**, der älteste Teil der Ordensburg. Vier Gebäudeflügel umfassen einen quadratischen Innenhof mit Kreuzgängen und Arkaden, in seiner Mitte steht ein Brunnen, auf dem ein Pelikan thront; man sieht, wie er seine Jungen mit dem eigenen Blut füttert - in christlicher Ikonographie ein Sinnbild für das Opfer Jesu. Herrlich geschmückt ist das ›Goldene Tor‹, in dessen Bögen kluge und törichte Jungfrauen, aber auch Dämonen eingemeißelt sind. Das Tor gibt einen Vorgeschmack auf die Marienkirche, die als schönste des Ordensstaates gilt, zur Zeit aber wegen Restaurationsarbeiten geschlossen ist. Einen Besuch lohnt auch die Skulpturengalerie im Ostflügel, die Sakralkunst aus dem Ordensstaat zeigt; Schmuckstück der Sammlung ist ein Altar aus Königsberg von 1504. Geht man im Uhrzeigersinn weiter, kommt man zum ›Saal der Sieben Säulen‹, dem Speisesaal der Ordensritter. Über den Kapitelsaal und einen diagonalen Mauergang gelangt man zum so genannten ›Danskerturm‹: Dass dieser Name verächtlich gemeint war, sieht man daran, dass die Ritter den Turmraum als Toilette benutzten.

Burgmuseum (Muzeum Zamkowe), ul. Starościńska 1, Kartenvorbestellung Tel./Fax 055/2722677; tgl. 9–17 Uhr, im Winter 9–15

Marienburg: Winterremter

Uhr (Mo keine Innenräume), dreistündige Besichtigung auch im Rahmen einer Führung (auf Wunsch deutschsprachig); nach Einbruch der Dunkelheit Ton- und Lichtschau im Hof der Mittelburg (tgl. Juni–September).

Anfahrt: ab Danzig (Gdańsk Główny) mehrmals täglich mit IC und Expresszug (Fahrtdauer 36–60 Min.); vom Bahnhof läuft man gut 10 Minuten zur Marienburg; im Vorhof der Niederburg befindet sich ein bewachter Parkplatz (teuer!)

Stutthof (Sztutowo)

Über 60 km greift die Frische Nehrung in die Ostsee; halb gehört sie zu Polen, halb zur russischen Enklave Kaliningrad. Flacher Sandstrand und Dünenwald säumen den stürmischen, dem Meer zugewandten Nordabschnitt; an der geschützten Südseite erstreckt sich das Frische Haff; versumpfte Schilfufer bilden ein ideales Revier für seltene Wasservögel.

Schönheit der Natur kontrastiert mit Barbarei. Am Eingang zur Nehrung, kurz hinter dem Ferienort Stegna (Steegen), wird der Reisende mit Zeugnissen nationalsozialistischer Vernichtungspolitik konfrontiert. In Stutthof, dem ersten außerhalb des Deutschen Reiches errichteteten Lager, wurden bis Kriegsende über 80.000 Menschen ermordet. Fein säuberlich aufgereiht finden sich Gaskammer, Krematorium und Galgenplatz, Leichen wurden verbrannt oder zwecks Seifenherstellung in das Danziger Hygieneinstitut überführt. Als sich die Rote Armee im Januar 1945 näherte, wurden die überlebenden Lagerinsassen evakuiert. Die Häftlingskolonnen wurden zum Sterben in Marsch gesetzt: Tausende verhungerten und erfroren – irgendwo zwischen Sztutowo, Pruszcz Gdański und Lębork …

Anfahrt: Auf der E77 in Richtung Elbląg, bei Nowy Dwór Gdański links abbiegen zur Küste; das Museum Stutthof (Muzeum Martyrologii) kann tgl. von 9–17 Uhr besichtigt werden, montags aber keine Führung und auch keine Filmdokumentation.

Die Lagerkommandatur 1941

Elbing (Elbląg)

Nur eine Autostunde von Danzig entfernt liegt die Industriestadt Elbląg. Erst vor wenigen Jahren hat man damit begonnen, den Kern der ruhmreichen Hansestadt nach alten Plänen zu rekonstruieren. Rings um die Nikolaikirche (1237) mit ihrem hoch aufschießenden Turm werden 50 Gebäude in postmodern-historisierendem Stil wiederaufgebaut. Schon jetzt erweist sich das Altstadtensemble von Nikolai- und Marienkirche, Markttor und Bür-

gerhäusern als Touristenmagnet. Viele Urlauber legen auf ihrer Fahrt nach Masuren einen Zwischenstopp ein.
Viel zu bieten hat auch die Umgebung der Stadt. Der Wald im Norden (*Bażantarnia*) ist von Schluchten und Tälern durchzogen, auf einer Serpentinenstraße gelangt man durch den Landschaftspark nach Kadyny. Eine attraktive Zugstrecke verknüpft Elbląg mit Frombork, führt dicht am Haff entlang und eröffnet Ausblicke aufs Meer. Im Süden lockt das Naturschutzgebiet um den Drużno-See, ein Eldorado für Sumpf- und Wasservögel. Schiffe starten in Elbląg über den **Oberlandkanal** zum 67 km entfernten Ostróda. Dabei sind mehrere Schleusen zu passieren: Die Schiffe werden auf fünf Schienen, so genannten ›geneigten Ebenen‹ über Land gezogen – ein bautechnisch einzigartiges Werk aus dem Jahr 1860, mit dem die enorme Höhendifferenz zwischen den Gewässern geschickt überwunden wird.

Anfahrt: Ab Gdańsk gibt es mit Bus und Zug regelmäßige Verbindungen nach Elbląg; die Bahnhöfe liegen 1 km östlich des Stadtkerns.

Frauenburg (Frombork)

»Abgelegenste Gegend der Welt« nannte Nikolaus Kopernikus die Stadt am Frischen Haff, als er 1523 die Stelle als Domherr des ermländischen Kapitels antrat. Hier arbeitete der Astronom 20 Jahre an seinem Lebenswerk *Über die Bewegungen der Himmelskörper*. Mit seiner provozierenden These, nicht die Erde, sondern die Sonne sei Zentrum des Universums, stellte er das mittelalterliche Weltbild auf den Kopf. Die Kirche beäugte seine Forschungen mit Misstrauen. Erst 1543, im Todesjahr des Wissenschaftlers, durfte sein Werk publiziert werden, 1616 wurde es auf die Liste verbotener Bücher gesetzt.
Fromborks Silhouette wird von dem malerischen Kathedralhügel beherrscht, wo Kopernikus lebte und arbeitete. Bereits 1278 wurde hier eine **Domburg** erbaut, mit Wehrmauern und Basteien befestigt. Die Kirche gilt als ein Meisterwerk der Gotik: Die reich dekorierte Fassade und schlank aufragende Ecktürme verleihen ihr eine Spur von Leichtigkeit, ihr Innenraum ist von feingemeißelten Sterngewölben bestimmt. Der spätgotische Flügelaltar besticht durch eine anmutige *Madonna auf der Mondsichel*, die Passionsszenen sind Werken Albrecht Dürers und Martin Schongauers nachempfunden. Besonderes Schaustück der Kirche ist die Barockorgel, die täglich zur Mittagszeit angestimmt wird.
Im Bischofspalast an der Ostflanke der Anlage werden Leben und Wirken des Kopernikus vorgestellt, hier erfährt man auch Interessantes über die Geschichte der Stadt und der Kathedrale. Der Glockenturm in der Südwestecke des Domhügels birgt ein Planetarium, von seiner Spitze

genießt man einen weiten Blick über Stadt und Haff.

Anfahrt: Der Ort liegt 90 km von Danzig entfernt und ist von Elbląg am besten über die Küstenstraße via Tolkmicko zu erreichen. Die Kathedrale kann werktags von 9.30–15.30 (im Sommer bis 16.30 Uhr) besichtigt werden, das Kopernikusmuseum Di–So 9–15.30 Uhr.

Königsberg (Kaliningrad)

Königsberger Klopse und Immanuel Kant, delikate Fleischbällchen und der Philosoph der reinen Vernunft: Diese beiden Dinge, so ein Reiseführer von 1938, haben die ehemalige Hauptstadt Ostpreußens in aller Welt berühmt gemacht. Es ist eine Stadt, innerhalb derer Festungsmauern sich Kunstschätze aus 700 Jahren häuften; hier prunkte das Schloss der preußischen Könige, und hier stand die Kirche, in der sie gekrönt wurden. Doch 1945 gab es kein Königsberg mehr: Der Name war von der Landkarte getilgt, die Häuser lagen in Schutt und Asche. Britische Kampfflieger hatten die zur Festung erklärte Stadt Straße um Straße bombardiert, den Rest zerstörte bei ihrem Einmarsch die Rote Armee. Kaliningrad, wie die Stadt seitdem heißt, wurde zur westlichsten Militärbastion der Sowjetunion; auf den eingeebneten Trümmern entstanden Wohnblocks für die neue, bunt zusammengewürfelte Bevölkerung aus Aserbeidschan und Kasachstan, Georgien und Weißrussland.

Mit dem Zerfall der Sowjetunion 1991 lüftete sich der Eiserne Vorhang, die ›verbotene Stadt‹ öffnete sich für ausländische Besucher. Heute, da Kaliningrad von NATO- und zukünftigen EU-Staaten umschlossen und das russische Mutterland weit entfernt ist, träumt manch ein Bürger davon, die Stadt werde in ein ›Singapur des Ostens‹ verwandelt. Bereits jetzt ist die Stadt eine Sonderwirtschaftszone, d.h. westliche Investoren können sie zu günstigen Bedingungen als Sprungbrett für den riesigen russischen Markt nutzen.

Das Herz der Stadt ist die Pregelinsel mit dem mittelalterlichen **Dom** (Kafedralnyj sobor). 50 Jahre bestand er nur als Ruine und gemahnte an die Schrecken des Krieges. Lange Zeit gab es Pläne, sie zu schleifen, um an ihrer Stelle einen Friedhof für die 20.000 bei der Einnahme Königsbergs gefallenen sowjetischen Soldaten zu errichten. Doch zum Glück setzten sich jene Architekten durch, die den Dom wegen des angrenzenden Kant-Mausoleums bewahren wollten. So war es in den 90er-Jahren nicht schwer, die Kirche mit großzügig fließenden Spenden aus Deutschland wieder herzurichten. Heute ist in ihr eine Ausstellung zu sehen, die an die – bislang tabuisierte – deutsche Geschichte der Stadt erinnert. Das Grabmal des Philosophen ist an die nördliche Außenmauer des Doms angebaut: Der Philosoph hat seine Geburtsstadt so gut wie nie verlassen, seine Deutung der

Der wiederaufgebaute Königsberger Dom

Welt erfolgte aus Königsberg. Hier entwickelte er den bekannten ›kategorischen Imperativ‹, demzufolge der Mensch nur das tun dürfe, wovon er wünsche, dass es auch ihm geschehe. Der Meister der Dialektik war in der Sowjetunion hoch geschätzt, sein Grab wurde gehegt und gepflegt. Daran hat sich bis heute nichts geändert: Hochzeitspärchen legen ›bei Kant‹ Blumen nieder und lassen sich fotografieren; eine Zeit lang wurde sogar diskutiert, ob die Stadt nicht besser nach ihm benannt werden sollte. Südlich, auf der gegenüberliegenden Pregelseite, sieht man die **Alte Börse** (Torgowaja birsha) im Stil der Renaissance, heute das Kulturhaus der Seeleute mit Nightclub und Casino. Nördlich der Pregelinsel erstreckt sich der leere, seelenlos wirkende **Zentralplatz** (Zentralnaja ploschtschad), der von einem 20-stöckigen Betontorso beherrscht wird, dem ›Haus des Stadtsowjets‹. An seiner Stelle stand einst das Schloss der preußischen Könige, das auf die mittelalterliche Burg der Ordensritter zurückging. Wie es heißt, war es Breschnew persönlich, der den Abriss des schwer beschädigten Gebäudes befahl; nichts, nicht einmal eine Ruine, sollte an den preußischen Militarismus erinnern. Vorbei am Hotel Kaliningrad, eine der wenigen Komfortunterkünfte der Stadt, kommt man zur **Universitätsstraße** (ul. Universitetskaja). Vor der Alma Mater steht seit 1992 - wie vor dem Krieg - eine Statue Immanuel Kants. Zeit-Herausgeberin Marion Gräfin Dönhoff hatte sich persönlich dafür eingesetzt, dass sie hier aufgestellt würde - anstelle einer Skulptur des deutschen Arbeiterführers Ernst Thälmann.

Gegenüber lohnt ein Blick ins **Bunkermuseum** (Muzej Blindash, ul. Universitetskaja 2, tgl. 10–18 Uhr), wo sich im Krieg die unterirdische Zentrale des Stadtkommandanten General Otto von Lasch befand. Anhand von Dokumentaraufnahmen und Modellen wird der verlustreiche Kampf um die ›Festung Königsberg‹ rekonstruiert; im Raum 13, in dem der General am 9. April 1945 die deutsche Kapitulation unterzeichnete, scheint gegenüber damals nichts

verändert: Auf dem Schreibtisch brennt eine Lampe, in einer altertümlichen Schreibmaschine ist Papier eingespannt und mehrere Landkarten liegen umher.
Unbedingt lohnenswert ist ein Abstecher ins **Bernsteinmuseum** (Muzej Jantarja, pl. Vasilevskogo 1, Di–So 10–17), das in dem nach einem General benannten Dohnaturm untergebracht ist. An zwei weitere deutsche Generäle erinnert das benachbarte Rossgärter Tor. Es zeigt Scharnhorst und Gneisenau, die sich im Kampf gegen Napoleon einen Namen gemacht haben. Das Museum, weltweit das größte seiner Art, beherbergt mehr als 6000 Schmuckstücke aus Bernstein: Ketten, Ringe und Schatullen, auch Kopien einiger Paneele des berühmten Bernsteinzimmers. Seit es 1941 von deutschen Truppen aus dem Katharinen-Palast bei Sankt Petersburg geraubt und nach Königsberg gebracht wurde, gilt es als verschollen.
Weitere Bauwerke aus präsowjetischer Zeit findet man im Nordwesten der Stadt. Am Nordbahnhof vorbei, dessen Haupttrakt als Seemannsherberge dient, gelangt man zum Gelände der ehemaligen deutschen Ostmesse. An ihrem Eingang, dem ehemaligen Hansaplatz (pl. Pobedy), prangt Lenin mit ausgestrecktem Arm und wehendem Mantel. Niemanden scheint das Denkmal zur Demontage zu animieren. Doch die neue orthodoxe Kathedrale in unmittelbarer Nachbarschaft kündet unmissverständlich von der postsozialistischen Zeit: 50 m ragen ihre Türme in den Himmel empor. Noch ein Stück weiter westlich stößt man auf das nach dem Krieg rekonstruierte **Theater** (Dramatitscheskij Teatr) von 1912, das mit Schmuckelementen des Moskauer Bolschoi aufgepeppt wurde. Seit der Rubel nicht mehr so üppig fließt, ist das Niveau abgesunken, doch sollten Mussorgskijs *Boris Godunow* oder Prokofievs *Romeo und Julia* gespielt werden, sollte man sich unbedingt eine Karte besorgen. Und wer grüßt von seinem Denkmal auf der gegenüberliegenden Straßenseite? Unverkennbar Friedrich Schiller – ein weiterer Deutscher, dem in der Sowjetunion große Verehrung zuteil wurde.

Anreise: Vom Danziger Hauptbahnhof (Gdańsk Główny) fährt täglich ein **Zug** zum Grenzort Braniewo/Mamonowo. Dort steigt man um und reist noch 60

Rossgärter Tor

Ehemalige Oberpostdirektion, jetzt Generalstab der Ostseeflotte

km weiter nach Kaliningrad, wo man im Südbahnhof eintrifft. Die Gepäckaufbewahrung ist von 8–20 Uhr geöffnet, die Wechselstube neben dem internationalen Kassenschalter Mo–Fr 10–17.30, Sa 10–16.30 Uhr. Im Sommer besteht auch die Möglichkeit, von Elbląg per **Tragflächenboot** nach Kaliningrad zu fahren (Dauer 3.15 Std. inkl. Stopps in Krynica Morska und Frombork). Das Ticket erhält man direkt an der Anlegestelle. Außerdem benötigt man ein russisches Visum. Wer es nicht bereits in Deutschland besorgt hat, wendet sich in Danzig an das Reisebüro Lauer (ul. Piwna 22/23, 80–831 Gdańsk, Tel./Fax 058-3011619, www.lauer.com.pl, Mo–Fr 10–17 Uhr), das auch Pauschalfahrten nach Kaliningrad organisiert. Bitte drei Passfotos sowie eine Kopie des Passes mitbringen!

- **Kaliningrad*****, Leninskij prospekt 81, Tel. 0112/350500, Fax 0112/536021, www.hotel.kal iningrad.ru, 229 Zimmer: größtes Hotel der Stadt in zentraler Lage; außen klotzig, innen freundlich und komfortabel, mit Etagenbars, Billard-Club, Sauna und Casino.
- **Albertina*****, ul. Demjana Bed-nowo 13-A, 236000 Kaliningrad, Tel. 0112/326698, http://albertina.kaliningrad.net, 10 Zimmer (CC). Hotel im Grünen mit Restaurant, Pool und Sauna, Konferenzsaal und bewachtem Parkplatz. Alle Zimmer mit Sat-TV und Internetanschluss. Dazu Sauna mit Pool und hoteleigener Minibus. Zum Stadtzentrum fährt man etwa 10 Minuten.
- Von Deutschland wählt man die Vorwahl 007, anschließend 0112 für Königsberg.
- Weitere Unterkünfte unter www.aktuell.ru/kaliningrad/hotel/stadt.
- Zusatzinformationen finden Sie im **Illustrierten Reisehandbuch Königsberg/Kaliningrad**, Edition Temmen, Bremen.

Danziger Porträts

Paul Beneke (ca. 1430–1480)
Am Ufer der Mottlau fand ihn ein Kapitän. Seine Mutter hatte ihn ausgesetzt, nichts war über die Familie bekannt. Der Kapitän erbarmte sich seiner und nahm ihn mit an Bord. Paul, so ward er genannt, erlernte schon früh das Handwerk der Seefahrt: Bald wusste er, wo gefährliche Sandbänke und Riffs lagen, wie man am besten den Wind ausnutzt und wie man anhand von Sternkonstellationen die Position des Schiffes bestimmt. Im Laufe der Jahre wurde aus dem kleinen Paul der »harte Seevogel«. Er war gut 30 Jahre alt, als ihn die Stadt mit einer wichtigen Aufgabe, der Übernahme eines Freibeuterschiffs, betraute. 1462 war die französische Karavelle ›Pierre de la Rochelle‹, eines der größten Windjammer der damaligen Zeit, vor der Danziger Küste von einem Blitz getroffen und schwer beschädigt, anschließend vom Stadtrat beschlagnahmt und wieder seetüchtig gemacht worden. Die französischen Eigentümer erhielten das Schiff nicht zurück, stattdessen segelte es – unter Leitung Paul Benekes – fortan als ›Peter von Danzig‹ über die Meere. Aufgabe des Piratenschiffs war es, England, mit dem Danzig zu jener Zeit Krieg führte, so viel wie möglich zu schaden. Wo immer Beneke mit seiner ›Peter von Danzig‹ aufkreuzte, verbreitete er Furcht und Schrecken. Er kaperte Schiffe, nahm die Mannschaft gefangen oder machte mit ihr kurzen Prozess. Niemand Geringerer als John of Salisbury fiel ihm in die Hände, und auch der Lord Mayor of London, der Bürgermeister der englischen Hauptstadt, konnte erst durch Zahlung eines ansehnlichen Lösegelds freigekauft werden. Mit dem Überfall auf den nach London segelnden ›Heiligen Thomas‹ (1473) gelang Beneke der wohl größte Coup. Kostbarste Beute war *Das Jüngste Gericht,* ein wertvolles Triptychon, das ein italienischer Mäzen beim Brügger Maler Hans Memling in Auftrag gegeben hatte. Beneke kam nach Danzig zurück und schenkte das Kunstwerk der Marienkirche – er selber wohnte gleich um die Ecke in der Heiliggeistgasse. Doch danach ging es mit ihm rapide bergab. Beim Stadtrat fiel er auf Grund von Betrügereien in Ungnade, 1480 wurde er im Hof des Danziger Stockturms ersäuft.

Daniel Chodowiecki (1726–1801)
Zu seinem 200. Todestag im Jahr 2001 wurde er mit großen Ausstellungen geehrt: der unermüdliche Radierer und Zeichner, der die bürgerliche Welt mit treffsicherer Beobachtungsgabe festgehalten hat. Mehr als 4000 Zeichnungen und 2000 Radierungen hat er hinterlassen, dazu Illustrationen zu Erstausgaben von Goethe, Schiller und Krasiński.

Daniel Chodowiecki wurde in der Heiliggeistgasse als Sohn eines polnischen Getreidehändlers und einer hugenottischen Mutter geboren. Wie fast alle Männer aus ›gutem Haus‹ war er dazu bestimmt, Kaufmann zu werden. Als 14-Jähriger wurde er nach Berlin geschickt, um den Beruf von Grund auf zu erlernen. Dort aber entdeckte er schon bald seine künstlerische Ader. Er schulte sich an niederländischen und französischen Künstlern, übte sich in Anatomie, Akt und Porträt. Als echter Aufklärer wollte er nur das darstellen, was er sah, nicht was er wusste: »Die Natur ist meine einzige Lehrerin, meine Wohltäterin«, bekannte er. So verstohlen wie möglich näherte er sich seinem Objekt, »denn wenn ein Frauenzimmer (und auch zuweilen Mannespersonen) weiss, dass man's zeichnet, so will es sich angenehm stellen und verdirbt alles, die Haltung wird erzwungen ...«

Chodowieckis handwerkliches Können, gepaart mit einem eigenwilligen, ›natürlichen‹ Stil, machten ihn zu einem gefragten Porträtisten; die gesamte preußische High Society einschließlich König Friedrichs des Großen ließ sich von ihm abbilden. Wie sein Zeitgenosse Hogarth versuchte Chodowiecki, die Karikatur als Mittel der moralischen Belehrung einzusetzen. Doch während der Brite soziale Missstände drastisch vor Augen führte, blieb Chodowiecki merkwürdig brav: Als ›Seelenzeichner‹ bediente er das ins Private vernarrte bürgerliche Gemüt - über Sittenbilder gehen seine Karikaturen nicht hinaus.

Selbstbeschränkung schützt freilich nicht vor Karriere: Chodowiecki wurde Direktor der Berliner Königlich-Preußischen Akademie der Schönen Künste. Im Jahr 1773 kehrte er noch einmal nach Danzig zurück, um seine alte Mutter zu sehen; sein berühmtes Tagebuch einer *Reise von Berlin nach Danzig* zeugt in seiner Frische und Vitalität von der Neugier auf die Menschen im fernen Geburtsort. Einige seiner Skizzen sind im Danziger Nationalmuseum ausgestellt; ein alljährlich an polnische Künstler verliehener, von Günter Grass gestifteter Preis ist nach Chodowiecki benannt.

Stefan Chwin (geb. 1949)

Der Romancier und Essayist wurde 1949 in Danzig geboren, studierte dort Polonistik und wurde Universitätsdozent. Mit 40 Jahren brachte er seine ersten Erzählungen heraus: *Ludziem-skorpiony* (Menschen-Skorpione) und *Człowiek litera* (Mensch Buchstabe). Vorsichtshalber veröffentlichte er sie unter dem Pseudonym Max Lars - der angehende Professor wollte erst einmal abwarten, wie er von der Kritik aufgenommen würde.

Zufrieden mit der Reaktion, befreite er sich aus der Anonymität und publizierte - nun unter richtigem Namen - die *Kurze Geschichte eines Scherzes: Szenen aus Ostmitteleuropa,* in denen er sich als Chronist der polnischen Umbruchszeit profilierte. Sein Roman *Hanemann* (Tod in Danzig) wurde zum besten polnischen Roman des Jahres 1995 erwählt und machte ihn auch in Deutschland bekannt. Im Buch wird die Stadt vor und nach 1945 vorgestellt: erst ein wehmütiger Abgesang auf Danzigs bürgerlich-behagliche, deutsch geprägte Kultur, dann der Schrecken des Krieges, die Flucht der Deutschen und der Einzug der versprengten Polen in die zerbombte Stadt. Die Süddeutsche Zeitung war voll des Lobes für den Autor: »Völlig jenseits von deutsch-polnischen Ressentiments, Heimat-Duselei und Vertriebenen-Ideologie, dafür mit der Geschicklichkeit eines Krimi-Autors lässt Chwin die Erlebnisse all dieser Menschen ineinanderfließen, steigert gekonnt die Spannung.« Zur Jahrtausendwende erschien sein Roman *Esther* (Die Gouvernante): Die Hauptfigur ist eine schöne Danzigerin, die als Gouvernante eines Warschauer Haushalts Unruhe in das behütete Familienleben trägt.

Joseph Conrad (1857–1924)

Die Polen haben schon einen eigentümlichen Umgang mit ihren ›Berühmten Persönlichkeiten‹. In Krakau, wo Joseph Conrad viele Jahre seiner Kindheit verbracht hatte, findet man fast nichts, das an ihn erinnert, doch ausgerechnet an der Mole von Gdynia, wo er ihrem Land den Rücken kehrte, um sein Glück auf hoher See zu suchen, ehrt den Schriftsteller ein riesiges Denkmal.

Joseph Conrad hieß eigentlich Józef Teodor Konrad Korzeniowski und wurde am 3. Dezember 1857 in Bereditschew, einem Dorf in der heutigen Ukraine geboren. Sein Vater, der sich literarisch betätigte, musste auf Grund der Teilnahme am Januaraufstand 1863 Polen verlassen. Sohn Joseph zog zu seinem Onkel nach Krakau, doch je älter er wurde, desto mehr trieb es ihn hinaus aus der Enge der von Österreich besetzten Stadt. Mit 17 lief er von Zuhause fort und wollte aufs Meer - und wahrscheinlich ist dies auch der Grund, warum viele Polen seine Bücher so lieben. Der Zugang zum Meer war immer schon ihr sehnlichster Wunsch; und es war die Stadt Gdynia, in der - als Zentralstelle des ›Polnischen Korridors‹ 1924 ihr erster großer Hafen entstand.

Conrad wurde Matrose erst auf einem französischen, dann auf einem britischen Schiff, bereiste die Länder des Fernen Ostens und Afrikas. 1886 nahm er die britische Staatsbürgerschaft an und avancierte zum Kapitän und Offizier. Acht Jahre später zwang ihn eine Tropenkrankheit, sesshaft zu werden. Conrad beschloss, sein Geld fortan als freier Schriftsteller zu verdienen. Die englische Sprache beherrschte er so virtuos, dass sie zu seinem wichtigsten Ausdrucksmittel wurde. Er verfasste Romane und Erzählungen, in denen seine Erfahrungen in der Fremde verarbeitet sind: psychologisch einfühlsame Porträts von Menschen am Rand der Gesellschaft, verquickt mit präziser Beobachtung ihrer Umwelt und poetischen Beschreibungen der exotischen Natur.

Sein erster Roman erschien 1895 und trug den Titel *Almayers Wahn.* Almayer ist als Handelsvertreter auf den Malaiischen Archipel gekommen, und je länger er bleibt, desto fremder wird ihm die europäische Heimat. Die Lebenswelt der Eingeborenen rückt ihm gleichwohl nicht näher. Als ihn geschäftlicher Misserfolg ruiniert und sich die europäischen Freunde von ihm zurückziehen, wird die Suche nach einem imaginären Schatz letzter Strohhalm, der ihn am Leben hält. In dem Augenblick, da auch die Tochter ihn verlässt, sieht er keinen Sinn mehr im Leben, ergibt sich dem Rausch und geht in Opiumhöhlen zu Grunde.

Bis zu seinem Tod im Jahr 1924 schrieb Joseph Conrad weitere Romane, in deren Zentrum das Thema der Unruhe steht. Am bekanntesten wurden *Lord Jim, Der Verdammte der Inseln* und *Der Geheimagent.* Der Roman Schattenlinie wurde von Andrzej Wajda verfilmt.

Gabriel Daniel Fahrenheit (1686–1736)

Durch die Verwendung von Quecksilber gelang es ihm als erstem Wissenschaftler, ein präzise arbeitendes Thermometer zu konstruieren. Noch heute werden Temperaturen in vielen Ländern in ›Fahrenheit‹ gemessen. Heißt es etwa in Deutschland, die Temperatur betrage 20° Celsius, so spricht man in den USA von 68° Fahrenheit.

Gabriel Daniel Fahrenheit, der Erfinder dieses Maßsystems, wurde in der Hundegasse 94 (ul. Ogarna) geboren, nur einen Steinwurf vom Langen Markt entfernt. Er kam aus einer reichen Kaufmannsfamilie und war das älteste von insgesamt vier Kindern. Doch eines Tages war es mit der familiären Geborgenheit schlagartig vorbei. Die Eltern wurden in ihrem Garten am Fuße des Weinbergs leblos aufgefunden, auch die besten Ärzte der Stadt konnten ihren rätselhaften Tod nicht erklären. Der 15-jährige Gabriel Daniel musste nicht nur mit dem Verlust der Eltern fertig werden, sondern wurde auch aus seiner vertrauten Umgebung gerissen: seine Verwandten beschlossen, ihn in Amsterdam in eine Kaufmannslehre zu schicken. Er tat, wie ihm befohlen, doch widmete er jede freie Minute den Naturwissenschaften, die ihn seit seiner Kindheit faszinierten. Vor allem die Physik hatte es ihm angetan; sie verschlang jeden Gulden, den er als Kaufmann verdiente. So arbeitete er nebenher in einem Glashüttenwerk, um sich die Geräte, die er für seine physikalischen Experimente benötigte, selbst herstellen zu können.

1711 kehrte er nach Danzig zurück, um sich vom Mathematiker Paul Bater in neue empirische Forschungsmethoden einweisen zu lassen. Doch er blieb nicht lang, kehrte nach Aufenthalten in Berlin und Dresden 1714 endgültig nach Amsterdam zurück. Dort verkündete er schon wenig später seine bahnbrechende Theorie über die Messung von Temperaturen mit Hilfe einer Quecksilbersäule. Obwohl Fahrenheit nie eine Universität besucht hatte und keine akademischen Titel besaß, wurde er 1724 in die renommierte Londoner Royal Society aufgenommen, eine Ehre, die nur wenigen Ausländern zuteil geworden ist. In wissenschaftlichen Kreisen genoss er höchste Anerkennung, doch eine finanzielle Absicherung war damit nicht verbunden. 1736 starb er krank und verarmt in Den Haag. In seiner Geburtsstadt wird man nur auf wenige Spuren Fahrenheits stoßen: An seinem Geburtshaus in der ul. Ogarna 94 erinnert ein großes Thermometer an den »weltberühmten Physiker«, im Stadtteil Wrzeszcz (Langfuhr) ist eine Straße nach ihm benannt.

Johann Georg Adam Forster (1754–1794)

In Nassenhuben, knapp 2 km von Danzig entfernt, kam er als Sohn des Pastors Johann Reinhold Forster (eigentlich schottisch: *Foster*) zur Welt. Er war erst elf, als ihn sein Vater auf eine von Zarin Katharina II. angeregte Expedition ins tiefe Russland mitnahm. Als sich die Rückkehr verzögerte, wurde dem Vater die Danziger Probstei entzogen, worauf die Familie beschloss, die Stadt zu verlassen und nach England zu emigrieren. Doch schon bald bot sich dem reiselustigen Vater ein neues Ziel – und wieder war der Sohn dabei. Von 1772 bis 1775 nahmen sie an der zweiten Weltumsegelung des James Cook teil. Johann Georg Adam Forsters Bericht, den er bald auch in einer deutschen Fassung herausgab, wurde Vorbild für die neue literarische Form des wissenschaftlich fundierten Reiseberichts. In den Folgejahren arbeitete er als Professor in Kassel und Wilna, mit Alexander von Humboldt unternahm er eine Reise durch westeuropäische Länder. 1788 wurde er Bibliothekar in Mainz, wo er nach der französischen Eroberung dem Jakobinerklub beitrat und 1793 zum Vizepräsidenten des Rheinisch-Deutschen Nationalkonvents aufstieg. Auf Grund seiner politischen Reden und Aufrufe galt er in Deutschland bald als Vaterlandsverräter und wurde mit Reichsacht belegt. Erst sein Vater, dann auch seine eigene Frau distanzierten sich von ihm, worauf er nach Paris zog, wo er 1794 arm und vereinsamt starb. Als Goethe von seinem Tod erfuhr, schrieb er einen Brief an den Vater: »Die Erinnerung an ihn wird mir immer heilig und unvergänglich sein, noch nie habe ich einen Menschen so sehr geliebt wie ihn.«

Vater und Sohn Forster

Günter Grass (geb. 1927)

Ich sage es immer, Polen sind begabt.
Sind zu begabt, wozu begabt,
begabt mit Händen, küssen mit dem Mund,
begabt auch darin: Schwermut, Kavallerie …

Günter Grass, Pan Kichot

Als der im Danziger Stadtteil Wrzeszcz (Langfuhr) geborene Günter Grass 1999 den Literaturnobelpreis erhielt, jubelte die polnische Presse. Binnen weniger Tage waren sämtliche Werke des ›Danziger Kaschuben‹ in allen Buchhandlungen des Landes ausverkauft. Doch so begeistert wie jetzt hatte man früher nicht auf ihn reagiert. Schon 1963 war in Polen sein Roman *Katz und Maus* erschienen, doch sollte es weitere 21 Jahre dauern, bis auch sein berühmtestes Werk, die 1959 geschriebene *Blechtrommel* erschien. Schon Anfang der 70er-Jahre hatte die polnische Übersetzung vorgelegen, doch dann hatte man begonnen, an Grass zu zweifeln und sich die Köpfe heiß zu reden: Wer eigentlich war dieser Autor? Wie ging er mit Geschichte um, welche Haltung nahm er ein zu Polen und zum polnischen Volk? Dass er die deutsche Geschichte widerborstig zerfledderte, las man gerne – doch dass er sich auch ehrfurchtslos an das heranmachte, was in Polen geschah, mochten ihm viele nicht verzeihen.

In einem Artikel des Darmstädter Polen-Instituts hat Zbigniew Świątłowski die Vorwürfe gegen Grass dokumentiert und damit auch aufgezeigt, wie schwer es ist, realistisch über Polen zu schreiben, ohne sich ins Fettnäpfchen zu setzen. Da gibt es so manch einen polnischen Kritiker, dem die Ironie des Autors nicht gefällt: Das »unermessliche Leid«, mit dem die Deutschen ihr Land überzogen hätten, dürfe durch ironisches Schreiben nicht verharmlost werden. Andere werfen Grass vor, er verletze die »polnische Nationalehre« und verfälsche historische Ereignisse. So stelle er die »heldenmütigen« Verteidiger der Polnischen Post selbst in ihrer Todesstunde als »Feiglinge und Kartenspieler« dar. Besonders aufgebracht zeigte man sich darüber, dass die polnischen Regenten meist »in blutigen, brandstifterischen, machtgierigen und exekutorischen Zusammenhängen« porträtiert würden - warum, so fragte man, wurden nicht auch die »siegreichen Schlachten« erwähnt, die Polen geschlagen habe? Und der Zorn reichte noch weiter: Schüttete Grass nicht Spott über die gepeinigten Polen, wenn er sie zwar als »begabt«, aber zugleich auch spinnerig und verstiegen beschrieb? So pilgert in der *Blechtrommel* ein Pole nach Tschenstochau und lässt sich von der Mutter Gottes davon überzeugen, dass sie fortan seine Königin sei. Und was macht Grass daraus? Besagter Pole, heißt es bei ihm, kramte fortan nur noch »in merkwürdigen Büchern, fand in jedem Satz den Thronanspruch der Gottesgebärerin auf das Reich der Polen bestätigt.«

Vor allem in seinen frühen Büchern erweist sich Grass als listiger Ketzer und Querulant. Er lässt es sich nicht nehmen, den polnischen Patriotismus zu karikieren, schreckt nicht davor zurück, an die Legende der selbstmörderischen Todesattacken zu erinnern. Von bunt uniformierten Kavalleristen ist da die Rede, die einen heldenhaften Angriff auf »die deutschen Panzer, die Hengste aus den Gestüten der Krupp von Bohlen und Halbach« reiten und sich dabei gar einbilden, »keine stählernen Panzer«, sondern »Windmühlen oder Schafe« vor sich zu haben. Der Pole bei Grass - fürwahr ein *Pan Kichot* …

Zbigniew Świątłowski hat in seinem Essay deutlich gemacht, dass Literatur etwas anderes ist als eine bloß soziologische oder geschichtliche Abhandlung: Sie macht sich einen Spaß daraus, den »groben Stoff des Lebens« durcheinander zu wirbeln, stellt die herrschenden Normen in Frage und entlarvt autoritäre Muster, zeigt an, was aus der Welt gängiger Wahrnehmung ausgespart bleibt. So manches mag man Grass vorwerfen: etwa dass er »Sonntagsreden« zur deutschen Einheit gehalten habe oder seine Blechtrommel für den Jugoslawien-Feldzug gerührt habe, doch eines kann man ihm gewiss nicht unterstellen: dass er die Polen verunglimpfe und sich an ihrem traurigen historischen Los weide. Zur Illustration ein abschließendes Beispiel aus der *Blechtrommel:*

»Mag sein, dass der Mond nachhalf, dass Trommel, Mond und die brüchige Stimme des kurzsichtigen Viktor gemeinsam so viele berittene Rosse aus dem Boden stampften: Hufe donnerten, Nüstern schnaubten, Sporen klirrten, Hengste wieherten, Hussa und Heissa ... nichts davon, nichts donnerte, schnaubte, klirrte, wieherte. Nicht Hussa und Heissa schrie es, sondern glitt lautlos über die abgeernteten Felder ..., war dennoch eine polnische Ulanenschwadron ..., womöglich vom Mond herkommend, schwamm ... ohne Laut, dennoch donnernd, fleischlos, blutlos und dennoch polnisch und zügellos auf uns zu ..., auch über den Garten meiner Mutter, über die anderen, sorgfältig gepflegten Schrebergärten fielen sie her, verwüsteten dennoch keinen, nahmen nur den armen Viktor mit und auch die beiden Henker, verloren sich dann gegen das offene Land unterm Mond hin – verloren, noch nicht verloren, beritten in Richtung Osten, nach Polen, hinter dem Mond ...«

Zum Weiterlesen empfohlen: Zbigniew Światłowski: »Das verknotete Wurzelwerk der erinnernden Phantasie: Günter Grass' Suche nach dem Land der Polen«. Ansichten. Jahrbuch des Deutschen Polen-Instituts Darmstadt 9 (1998), S. 76–90.

Johannes Hevelius (1611–1687)

Ein schmales Gesicht, umhüllt von einer langhaarigen Perücke, ein steifer, bis ans Kinn reichender Stehkragen und in der rechten Hand ein gefüllter Krug: So präsentiert sich Johannes Hevelius auf Tausenden von Bierflaschen und -deckeln. Sein guter Name sorgt bei der Hevelius Brewing Company für gute Geschäfte, schmückt Straßen und Plätze, Restaurants und Hotels.

Johannes Hevelius, mit bürgerlichem Namen Hevelke, war ein Multitalent. Er studierte Jura in Leiden, übernahm dann vom Vater eine gut laufende Brauerei und belieferte selbst England mit seinem Starkbier. Er züchtete Zitrusfrüchte und Pferde, versuchte sich als Kupferstecher und Radierer. Seine große Leidenschaft aber galt der Astronomie, die fast sein gesam-

Der Astronom Hevelius

tes Vermögen verschlang. In der Pfefferstadt, wie das Viertel der reichen ›Pfeffersäcke‹ rund ums Altstädtische Rathaus genannt wurde, besaß Hevelius drei miteinander verbundene Häuser, auf deren Dächern er eine Sternwarte einrichtete. Durch selbst gebaute Fernrohre ließ er seinen Blick über den nächtlichen Himmel streifen, beobachtete Mond, Sterne und ferne Galaxien. Er entdeckte neun Kometen und sieben Sternkonstellationen, darunter auch eine besonders helle Sternenwolke, die er nach dem polnischen König Jan III. Sobieski ›Sobieskischer Schild‹ nannte. Bald galt sein ›Himmelslaboratorium‹ als städtische Sehenswürdigkeit, lockte Gelehrte und Könige an. 1647 überraschte der Astronom die Öffentlichkeit mit *Selenographia,* der ersten präzisen Karte des Mondes, auf die selbst der Papst reagierte. »Das Werk«, notierte er, »wäre unvergleichlich zu nennen, wenn es nicht ein Ketzer geschrieben hätte.« 1664 wurde er für seine Leistungen auf dem Gebiet der Astronomie in die Londoner Royal Society aufgenommen. Vier Jahre später wurde er Ratsherr im Altstädtischen Rathaus, wo nach seinem Tod eine bronzene Gedenktafel für ihn angebracht wurde. Beigesetzt ist er - gemeinsam mit seiner zweiten Frau - in der nahegelegenen Katharinenkirche.

Paweł Huelle (geb. 1957)

»Und Angst: Denn so wird es sein bis zum Ende der Welt. Und nichts, nichts wird sich ändern. Auch danach nicht.«

Paweł Huelle

Acht Jahre jünger als Stefan Chwin, wie dieser in Danzig aufgewachsen und von der Idee fasziniert, der untergegegangenen Welt des ›deutschen‹ oder doch zumindest zweisprachigen Danzig nachzuspüren. Sein Roman *Weiser Dawidek* machte den bei Erscheinen des Buches 30-Jährigen über Nacht berühmt: Paweł Huelle, ein neuer Vertreter des poetischen Realismus, der bei Grass zur Schule gegangen war und anhand skurriler Begebenheiten trefflich darzustellen verstand, wie die große Geschichte auf das Schicksal der einzelnen Menschen einwirkt. Sein Roman wurde rasch in acht Sprachen übersetzt und erschien 1990 auch in Deutsch. Zuvor hatte Huelle schon Theaterstücke verfasst, als Philosophiedozent und fürs Danziger Regionalfernsehen gearbeitet. Unter dem Titel *Silberregen* kamen im Jahr 2000 auch seine ›Danziger Erzählungen‹ in Deutsch heraus. Sie atmen die Atmosphäre der Stadt und ihrer nächsten Umgebung, eine morbide Melancholie, die mit kräftig gezeichneten Figuren kontrastiert. Und wem es Spaß macht, den Autor als Journalisten zu erleben, der greife zu seinen *Verschollenen Kapiteln* - knapp-kompakten Feuilleton-Artikeln, die zuvor in der größten polnischen Tageszeitung Gazeta Wyborcza erschienen waren.

Klaus Kinski (1926–1991)

Zwar hat Kinski seinen Geburtsort Sopot bereits als Vierjähriger verlassen und ist dann nie zurückgekehrt, doch seine polnischen Fans nehmen ihm dies nicht übel. 1997 eröffneten sie in seinem Geburtshaus in der ul. Kościuszki 10 die *Galeria Kiński* - eine Hommage an den großen Schauspieler und zugleich eine witzige Mischung von Café-Bar und Museum. In die Theke sind Zitate aus seiner Autobiographie *Ich bin so wild nach deinem Erdbeermund* eingeschrieben, ein Gemälde zeigt ihn als *Nosferatu, Phantom der Nacht.* Fast schon vergessene Filmplakate schmücken die Wände, dazu ein paar gepfefferte Rezensionen.

Kinski, mit bürgerlichem Namen Klaus Günther Nakszyński, ist

Langfuhr: ein polnischer Traum

»Mit brennenden Lichtern, mit dem Funkenstrahl sprühend fuhr die Lokomotive langsam von der Langfuhrer Seite heran, leicht und problemlos abgebrochene Brücken überspringend. Auf der kleinen Brücke neben der Kirche Christi Auferstehung hielt sie eine Weile an, und dann konnte man sehen, wie ihr aus der Sakristei ein Männlein im Frack mit knappen Schößen gebückt entgegen lief. Das Männlein näherte sich der schnaubenden Dampfmaschine und übergab dem Lokomotivführer eine Börse mit klingenden Münzen. Die Lok setzte sich in Bewegung, und mit einem kurzen Pfiff nahm sie von dem Homunculus Abschied, während der trippelnd in den dunklen Tannenwald auf der anderen Seite des Bahndamms lief. Wofür bezahlte man den Lokführer? Alles hat seinen Grund - die Lok fuhr jetzt in ein tiefes Tal hinein, kam in Schwung, schlängelte sich geschwind unter einem steinernen Brückenbogen hindurch und schon knirschte und bremste sie am Rand des Friedhofs, wo wir eben gerade saßen und diese phantastische Geschichte erdichteten. Weiser gab Dampf und pfiff dreimal markerschütternd. Plötzlich, im Mondenschein öffneten sich unkrautverwachsene Totengruften, rissige Gedenktafeln schoben sich beiseite und aus den Gräbern kroch mit klappernden Gebeinen ein Totenschwarm heraus und begab sich zur Dampflok. Erst als alle schon reisefertig waren, ließ der Lokführer sie auf den Tender und machte sich auf den Weg über die nächsten gesprengten Brücken und unsichtbaren Weichen. So war es Monat für Monat, bei Vollmond, zu allen Jahreszeiten.«

(Paweł Huelle, aus dem Roman Weiser Dawidek)

einer der interessantesten Schauspieler des 20. Jahrhunderts. Wenn man ihn einmal gesehen hat, geht er einem nicht mehr aus dem Kopf. Mit weit aufgerissenen, fast schon dämonischen Augen starrte er in die Welt, sein sinnlicher Mund drückte Verlangen, aber auch Unerbittlichkeit aus. Kinski war der Bösewicht seiner Branche, abonniert auf die Rolle des abgedrehten Fanatikers. Berühmt wurde er in den 50er-Jahren als Interpret von Gedichten François Villons und Arthur Rimbauds. Schon damals bewunderte man seinen erhabenen, fast gestelzten Vortragsgestus, der abrupt in Stöhnen und Schreien übergehen konnte und die Zuhörer in eine Welt der Finsternis entführte. Kinski spielte in zahlreichen Italo-Western und Edgar-Wallace-Streifen, doch am eindrucksvollsten zeigte er sich in den Filmen Werner Herzogs. In *Aguirre, der Zorn Gottes* (1972) mimte er den Konquistadoren, der auf der Suche nach Eldorado seine gesamte Mannschaft mit in den Tod reißt. Die Suche nach dem Schatz wird zum Selbstzweck, wichtiger als der Fund des Goldes wird der Kampf gegen die alles verschlingende Dschungelnatur. Eine ähnliche Rolle spielte Kinski in *Fitzcarraldo* (1982), wo er einen Unternehmer verkörpert, der von der Idee besessen ist, ein Theater im Amazonasdschungel zu errichten und zu diesem Zweck ein gewaltiges Schiff in den Urwald zu transportieren. Im Dokumentarstreifen *Mein liebster Feind* (1999) hat Herzog seinem Star-Schauspieler, der acht Jahre zuvor in Kalifornien verstarb, ein filmisches Denkmal gesetzt. In der Galerie-Bar von Sopot freut man sich schon auf die nächste große Retrospektive seiner Filme – gewiss wird dann auch Nastasja eingeladen, Kinskis Tochter, die heute zu den ganz großen Frauendarstellerinnen zählt.

Martin Opitz (1597–1639)

Kraft und Tatendrang spiegeln sich in seinem Gesicht: er hat es schon zu etwas gebracht und will noch höher hinaus: So möchte man das Opitz-Porträt deuten, das in der Danziger Bibliothek der Polnischen Akademie der Wissenschaften zu sehen ist (ul. Wałowa 15). Es wurde 1638 von Bartłomej Strobel, dem Hofmaler Władysławs IV. geschaffen;

Martin Opitz

schon ein Jahr später, am 20. August 1639, ist der bekannte Dichter und Literaturtheoretiker gestorben - hinweggerafft von der Pest. Martin Opitz wurde in der Danziger Marienkirche bestattet. Unweit der Kapelle, in der die Schöne Madonna zu sehen ist, findet man seine mit einem Schwan verzierte Grabplatte: der »Schlesische Schwan« oder »Schwan von der Bober«, wie man Opitz liebevoll nannte, wurde mit vielen Liedern und Trauergedichten geehrt. 1873 hat man in das Grab einen Spruch eingemeißelt: »Dem Dichter seine Landsleute«.

Herder schrieb über Opitz: »Man hat diesem Mann die lyrischen Talente absprechen wollen - ich wüßte nicht, wer unsrer Dichter mehr Wort- und Versklang hätte als er.« Opitz wurde 1597 in Bunzlau (Bolesławiec) geboren und ging in Breslau zur Schule. Er war erst 28 Jahre alt, als ihn Kaiser Ferdinand II. in Wien mit dem Titel *Poeta Laureatus* auszeichnete. Im *Buch von der Deutschen Poeterey* (1624) legte er dar, dass das Deutsche sehr wohl als Literatursprache taugte, man sich deshalb einsetzen sollte für eine eigenständige nationale Dichtung. Opitz übertrug die Ergebnisse bereits verfasster Renaissance-Poetiken auf die deutsche Dichtkunst und machte seine Leser mit Oden, Sonetten und Epigrammen vertraut. Er schuf, um Vorbilder für gutes Dichten zu liefern, Übersetzungen aus dem Niederländischen, Französischen und Italienischen. Aus dem Griechischen übertrug er die *Antigone* von Sophokles, aus dem Lateinischen die *Trojanerinnen* von Seneca. Dazu schrieb er eigene Gedichte gegen den Dreißigjährigen Krieg, Oden und Idyllen. Seine diplomatische Karriere begann 1626 als Sekretär der schlesischen Herzöge von Liegnitz und Brieg. Elf Jahre später wurde er Hofgeschichtsschreiber von König Władysław IV. und sammelte Materialien für eine *Geschichte Polens.* Noch im gleichen Jahr zog er nach Danzig, da ihm aus den Zolleinnahmen dieser Stadt seine Pension ausgezahlt werden sollte. Dort wohnte er im Haus eines bekannten kalvinistischen Theologen, übersetzte die *Psalmen Davids* und kommentierte die 16 Tafeln des Danziger Kupferstechers Wilhelm Hondius, die den Feldzug des Königs nach Smoleńsk illustrieren. Zuvor schon hatte er Władysław IV. literarisch verewigt: zu seinen Ehren verfasste er das *Lobgedicht an die Königliche Majestät zu Polen und Schweden.*

Arthur Schopenhauer (1788–1860)

»Schopenhauer. ›Danziger‹ ich ihn nenne,
Obwohl ich keinen seltsamer'n Danziger kenne.
Mit Kuchen und Schnaps, mit Wein und mit Bier
Mästet sich jeder Bürger hier,
Doch er, in ewiges Dunkel gewoben,

Hat nur den Saft aus dem Wermut gesogen.«

Wiktor Gomulicki

Er gilt als »einer der größten deutscher Denker« und »rationalster Philosoph des Irrationalen«, sein Name wird in einem Atemzug mit Friedrich Nietzsche genannt. In der Heiliggeistgasse 114 kam er zur Welt - Sohn einer bekannten Schriftstellerin und eines Kaufmanns. Die Eltern zählten zu den wohlhabendsten Familien der Stadt, besaßen laut Handelsregister vier große Schiffe und ausgedehnte Güter in Stutthof, Pelonken und Ohra. Als Danzig 1793 an Preußen fiel, verließ die Familie wegen ihrer republikanischen Gesinnung die Stadt und unternahm ausgedehnte Bildungsreisen durch Frankreich, England und Holland. Dachte Arthur später an seine Geburtsstadt zurück, so vor allem an die Speicherinsel: Mit ihren umherstreunenden Wachhunden und den Brücken, die abends hochgeklappt wurden, erschien sie ihm als »Herz der Finsternis«.

Arthur Schopenhauer

Mit dem Tod des Vaters 1805 begann Arthur das zu tun, was ihm am meisten gefiel: Er beendete die Kaufmannslehre und begann, in Göttingen Philosophie zu studieren. Da er stets genug Geld besaß, brauchte er nicht von der ›brotlosen Kunst‹ zu leben, sondern lebte ganz für sie – kompromisslos im Denken und ohne Zugeständnisse an die opportunistischen »Kathederphilister«. Nach seiner Promotion 1813 erarbeitete er in Dresden die Grundlagen eines eigenen philosophischen Systems, die er in seinem Hauptwerk *Die Welt als Wille und Vorstellung* (1819) darlegte. Darin entwickelte er eine Ethik der Resignation, die ihn in Widerspruch zur Theorie Hegels trieb. 1820 erhielt er in Berlin eine Professur, doch quittierte er sie schon elf Jahre später wegen fortdauernder Querelen mit der Universitätsleitung. In der Folge zog er sich zurück und widmete sich ausschließlich dem Schreiben. Als er 72-jährig starb, kannten ihn nur wenige - sein Ruhm setzte später ein. Wagner, Nietzsche, Freud und Horkheimer - sie alle ließen sich von seinen Werken beeinflussen.

Das Geburtshaus in der ul. Św. Ducha 114 wurde nach dem Krieg nicht wieder aufgebaut - im Gegensatz zum so genannten ›Schildkrötenhaus‹ (ul. Św. Ducha 113), in dem seine Mutter Johanna ihre Kindheit verbrachte.

Lech Wałęsa (geb. 1943)

Bei den Präsidentschaftswahlen 1990 wählte ihn noch die Mehrheit der Bevölkerung, zehn Jahre später erreichte er nur knapp ein Prozent. »Ich bin zur Einsamkeit verdammt«, kommentierte er seine blamable Niederlage und fügte hinzu: »Ich werde wieder unentbehrlich, wenn für Polen schlechtere Zeiten kommen.« Vorerst jedoch löst sein Name bei den Landsleuten nur Achselzucken, bestenfalls ein müdes Lächeln aus - und man staunt ein wenig über das Ausland, das ihn weiterhin als »Vorkämpfer für die Freiheit« und »Denkmal des antikommunistischen Widerstands« feiert.
Lech Wałęsa wurde im Dorf Popowo bei Bydgoszcz (Bromberg) in eine kinderreiche Bauernfamilie geboren. Er schlug sich

Lech Wałęsa im Rathaus-Restaurant Palowa

als Gelegenheitsarbeiter durch und ging dann nach Danzig, wo er 1967 auf der Lenin-Werft Anstellung als Elektromonteur fand. Drei Jahre später nahm er an den Streiks gegen die Erhöhung der Lebensmittelpreise teil und erlebte, wie demonstrierende Arbeiter vor den Toren der Werft erschossen wurden. 1976 gründete er zusammen mit Intellektuellen ein ›Komitee zur Verteidigung der Arbeiter‹, was ihn seinen Job kostete, aber seinen Ruf als Arbeiterführer stärkte. Im August 1980 traten die Danziger Arbeiter erneut in den Streik und forderten die Legalisierung von *Solidarność* (Solidarität), der vier Jahre zuvor gegründeten ersten unabhängigen Gewerkschaft. Man erinnert sich noch gut an die Bilder, die damals um die Welt gingen: entschlossene Arbeitergesichter, mit vielen Blumen und Papstbildern geschmückte Werkstore, dazu Lech Wałęsa mit einem Anstecker der Schwarzen Madonna am Revers. »Werden sich die Russen das bieten lassen?« – lautete die bange Frage, als sich den Danzigern bald schon die Stettiner Werftarbeiter anschlossen, dann auch die Werktätigen der Kattowitzer Leninhütte, der oberschlesischen Kohlebergwerke und der Traktorenfabrik Ursus, kurzum: aller Betriebe der staatlichen Großindustrie. Nach wochenlangen Streiks lenkte die Regierung ein: Am 31. August 1980 unterschrieb Vizepremier Mieczysław Jagielski das ›Danziger Abkommen‹: die unabhängige Gewerkschaft Solidarność war offiziell zugelassen. Ihr Sieg markierte den Anfang vom Ende des kommunistischen Systems – nicht nur in Polen, sondern in ganz Osteuropa. Nur kurzzeitig gelang es der Regierung des Generals Jaruzelski, durch Repressionsmaßnahmen einer Unterhöhlung ihrer Macht entgegenzusteuern; dann wurde sie durch neue Streiks zum Einlenken gezwungen – mit Wałęsa an der Spitze, der 1983 den Friedensnobelpreis erhalten hatte, erzwangen die Arbeiter die Wiederzulassung ihrer Gewerkschaft und die Durchführung parlamentarischer Wahlen. Im Dezember 1990 wurde Lech Wałęsa erster frei gewählter Präsident Polens. Die Euphorie über seinen Sieg währte nicht lang. Seine einstigen Mitstreiter hatten sich die angestrebte freie Gesellschaft anders vorgestellt, sahen ihre Träume und Ideale missbraucht. »Konnte die Politik denn nicht ausnahmsweise einmal Poesie sein, inspiriert von der Muse des Schöpferischen, wo Phantasie und Pep mehr zählen als Statistik und der übliche Beschiss?« 1995 wurde Wałęsa vom Reformkommunisten Aleksander Kwaśniewski knapp besiegt, und im Jahr 2000 erhielt er gegen ihn nicht mal mehr ein Prozent aller Stimmen. Wałęsa lebt heute in der *ulica Polanki* in Oliwa – und so heißt auch die Erzählung von Paweł Huelle, der der zitierte Klagegesang entnommen ist.

Zum Weiterlesen

Ulrich Bräuel: *Die schwarze Mappe. Reise nach Danzig*. Fibre: Osnabrück 2002. Der Autor kehrt nach der Wende in seine Geburtsstadt zurück, die er 1945 verlassen musste. Das heutige polnische Gdańsk interessiert ihn nur am Rande. Er schreitet die alten Wege ab und beklagt die »brutale Vergangenheit«, die den Deutschen dieses schöne Stück Land genommen hat.

Stefan Chwin: *Tod in Danzig*. Rowohlt Verlag: Hamburg 1999. Roman aus dem kriegszerstörten Danzig. Geschichten der vertriebenen Deutschen und der polnischen Zuwanderer werden kunstvoll miteinander verwoben.

Frank Fischer: *Danzig – Die zerbrochene Stadt*. Propyläen Verlag: Berlin 2006. Eine neue Generation von Historikern erschließt osteuropäische Geschichte: Fischer (Jahrgang 1968) beleuchtet 1000 Jahre der Hansestadt vom »ältesten Danzig« über die »Kopfgeburt der Siegermächte« bis zum gegenwärtigen »Gdańsk«. Das umfassende Material ist so gut und unterhaltsam aufbereitet, dass ein lebendiges Bild der Ostsee-Metropole entsteht.

Izabella Gawin / Dieter Schulze: *Kulturschock Polen*. Verlag Reise Know How, Bielefeld, 2. Auflage 2006. Andere Länder, andere Sitten: Vom Handkuss bis zum Madonnenfieber werden die irritierenden Erfahrungen beschrieben, die im Umgang mit dem Nachbarn gemacht werden – eine spannende Begleitlektüre für jeden Polenurlaub!

Günter Grass: *Die Blechtrommel*. Göttingen 2009, im selben Jahr auch erschienen als Audio-CD, gelesen vom Autor. Erfolgsroman des 1927 in Danzig geborenen Schriftstellers, von Volker Schlöndorff verfilmt; das Heraufziehen des Faschismus in der Freistadt Danzig wird aus der Perspektive eines Kindes in der Tradition bester Schelmengeschichten erzählt.

Der Butt. Göttingen 2009, erschienen als Audio-CD, gelesen vom Autor. Ein 700-Seiten-Opus, in dem die Geschichte Danzigs aufgeblättert wird.

Paweł Huelle: *Weiser Dawidek*. München 2001. Der erste Roman des Danziger Autors: voller Poesie und reich an skurrilen Geschichten.

Silberregen: Danziger Erzählungen. Berlin 2000. Nostalgischer Rückblick auf das Danzig vor dem Krieg und die Zeit danach – bis hin zu den missbrauchten Träumen der Solidarność-Ära.

Hartmut Kühn: *Das Jahrzehnt der Solidarność. Die politische Geschichte Polens 1980–1990*. Berlin 2000. Empirische Studie zur polnischen Gewerkschaft Solidarność mit Materialien zu allen wichtigen Kongressen, Programmen und Personalien.

Peter Oliver Loew: *Literarischer Reiseführer Danzig: Acht Stadtspaziergänge*. Potsdam 2009. Das Deutsche Kulturforum östliches Europa hat nach Breslau nun auch Danzig entdeckt. Der Historiker Peter Oliver Loew präsentiert Texte von Martin Opitz, Joseph von Eichendorff, Alfred Döblin, Erich Mühsam, Pawel Huelle, Adam Mickiewicz und anderen Autoren.

Hotels und andere Unterkünfte

Zwar ist die Auswahl an Unterkünften in den vergangenen Jahren gewachsen, doch noch immer nimmt sich das Angebot im Vergleich zu anderen polnischen Städten wie Krakau, Breslau und Warschau eher bescheiden aus. Am bequemsten wohnt man im historischen Danzig, beliebt sind aber auch die Hotels und Villenpensionen in Zoppot; häufig liegen sie in Strandnähe und bieten herrliche Aussicht aufs Meer. Im Souterrain des Einkaufszentrums City Forum gegenüber vom Danziger Hauptbahnhof gibt es ein Informationsbüro, in dem Privatzimmer und Apartments in und um Danzig vermittelt werden. Lassen Sie sich stets die Lage der Unterkunft auf der Karte zeigen, um sicher zu gehen, dass sie nicht zu weit vom Zentrum entfernt ist.

GRAND-TOURIST S.C., ul. Podwale Grodzkie 8 (City Forum), 80-895 Gdańsk, Tel. 58-3012634, www.gt.com.pl

Da preiswerte Häuser vor allem während der Hauptreisezeit rasch ausgebucht sind, empfiehlt sich eine rechtzeitige Reservierung: ab Deutschland, Österreich und der Schweiz per Telefon über die Vorwahlnummer 0048. Hilfreich bei der Buchung im Internet sind z.B. die Portale:

www.booking.com
www.tripadvisor.com
www.trivago.com

In diesem Buch werden die offiziellen Listenpreise angezeigt: sie gelten für ein Doppelzimmer im Hotel oder in der Pension bzw. ein Apartment für zwei Personen inklusive Mehrwertsteuer. Um sich besser orientieren zu können, werden zuerst die Hotels und Pensionen in Danzig genannt (Südl. und Nördl. Rechtstadt, Altstadt und Speicherinsel), dann die Unterkünfte in Wrzeszcz, Oliwa und Jelitkowo, Sopot und Gdynia - stets von teuer nach preiswert! Wo mit Kreditkarten bezahlt werden kann, ist dies in Klammern (CC) angegeben.

Gdańsk (Südliche Rechtstadt)

Hilton Gdańsk, ul. Targ Rybny 1, Tel. 058-7787100, www.gdansk.hilton.com, 150 Zimmer (CC), 100–196 €. 2010 eröffnetes Luxushotel an der Mottlau mit Dachpool, einen tollen Ausblick hat man auch von der Bar im 5. Stock.

Radisson Blu, Długi Targ 19, Tel. 058-5555203, www.radissonblu.com/hotel-gdansk, 137 Zimmer (CC), 100–180 €.
Hinter einer historischen Fassade am Langen Markt verbirgt sich ein komfortables Viersternehotel.

Holland House Residence, ul. Długi Targ 33/34, Tel. 058-3257777, www.hotelhollandhouse.pl, 26 Zimmer (CC), 115–145 €.
Residenz in zwei Bürgerhäusern am Langen Markt mit dem Standard eines Dreisternehotels. Kabelloser Internetzugang.

Dom Schumannów, ul. Długa 45, Tel. 058-3015272, www.domschumannow.pl, 9 Zimmer, 58–124 €.
Gästehaus oberhalb der PTTK-Touristeninformation. Wer hier wohnt, fühlt sich in vergangenen Zeiten zurückversetzt, braucht aber auf Sat-TV und WLAN nicht zu verzichten.

Novotel Centrum, ul. Pszenna 1, Tel.058-3002750, www.accorhotels.com, 158 Zimmer (CC), 88–110 €.
Einfaches Hotel auf der Speicherinsel, von der französischen Hotelkette in den 70er-Jahren erbaut und oft von Pauschaltouristen belegt. Kinder unter 16 Jahren können im Zimmer der Eltern frei übernachten.

Dom Harcerza, ul. Za Murami 2/10, Tel. 058-3013621, www.domharcerza.pl, 20 Zimmer, 35–62 €.
Das ›Pfadfinderhaus‹, Teil der mittelalterlichen Befestigungsanlage, liegt in einer ruhigen Ecke der Rechtstadt, nur einen Steinwurf von der Langgasse entfernt. Es gibt preisgünstige Zimmer mit Dusche und Toilette auf dem Flur, aber auch teurere Doppelzimmer mit eigenem Bad. Vier Apartments befinden sich im turmartigen Nebengebäude - hier stieg, so erzählte man uns, Bremens Ex-Bürgermeister Henning Scherf ab, wenn er sich in der Partnerstadt aufhielt. Außer Frühstück kann man günstige Vollpension buchen.

Gdańsk (Nördliche Rechtstadt)

Hanza, ul. Tokarska 6, Tel. 058-3053427, www.hotelhanza.pl, 60 Zimmer, 7 Suiten (CC), 100–122 €.
Nobles Viersternehotel nahe dem Krantor am Ufer der Mottlau, architektonisch geschickt an die alten Bürgerhäuser angepasst. Im Innern des Hauses herrscht zurückhaltender Luxus, alle Zimmer sind gleich ausgestattet, besonders schön sind die Räume mit Blick auf den Fluss und die backsteinernen Speicher. Mit Sauna und Fitnessraum, bis vier Uhr nachts ist ein Casino geöffnet. Hinter dem Haus befindet sich ein bewachter Parkplatz.

Wolne Miasto, ul. Św. Ducha 2, Tel. 058-3052255,

www.hotel wm.pl, 68 Zimmer (CC), 112 €.
Hotel nahe dem Großen Zeughaus mit Repliken alter Danziger Möbel und vielen alten Fotos der Stadt. Alle Zimmer verfügen über Safe und Internetzugang, der Parkplatz ist bewacht.

Kamienica Goldwasser, ul. Dł. Pobrzeże 22, Tel. 058-3018878, www.goldwasser.pl, 7 Apartments, 70–110 €.
Haus mit Blick auf die Mottlau - je höher man wohnt, desto besser! Alle Zimmer unterschiedlich eingerichtet und mit Sat-TV.

Dom Aktora, ul. Straganiarska 55, Tel. 058-3016193, www.domaktora.pl, 12 Zimmer, 70–90 €.
Das restaurierte ›Haus des Schauspielers‹ mitten in der Rechtstadt steht heute allen Reisenden offen. Zur Wahl stehen preiswerte Doppelzimmer und (teurere) Apartments - letztere eine gute Option für Urlauber, die in der nahegelegenen Markthalle einkaufen und sich die Mahlzeiten selbst zubereiten wollen. Die Räume sind einfach, aber funktional eingerichtet, Frühstück und kleine Speisen nimmt man in der zugehörigen Teestube ein.

Kamienica Gotyk, ul. Mariacka 1, Tel. 058-3018567, www.gotykhouse.eu, 7 Zimmer, 62–78 €.
Das »gotische Haus« bietet Unterkünfte in Danzigs romantischster Straße: Über steile Stufen geht es nach oben, wo sich die freundlichen, mit historischen Stadtansichten dekorierten Zimmer befinden (alle mit Bad). Einen festen Schlaf sollte man allerdings mitbringen, denn das Glockengeläut der benachbarten Marienkirche ist nicht zu überhören!

Jugendherberge (Schronisko Młodzieżowe), ul. Wałowa 21, Tel. 058-3012313, www.ssm.gda.pl, 20 Zimmer.
Einfache, aber saubere Unterkunft nahe der einstigen Lenin-Werft. Außer den üblichen ›Schlafsälen‹ gibt es Einzel-, Doppel-, Drei- und Vierbettzimmer. Oft von Gruppen belegt, nur 10 Gehminuten vom Hauptbahnhof entfernt. Um 22 Uhr wird abgeschlossen, doch auf Anfrage kann man bis Mitternacht unterwegs bleiben. Wer keinen Herbergsausweis besitzt, zahlt 20% Aufschlag

Pepperland Hostel,
ul. Grodzka, Tel. 793-376667, www.pepperlandhostel.pl, 17 Zimmer, 15–20 € p.P.
Einfache Bootskabinen für 1-4 Personen bei gemeinsamer Nutzung von Bad und Toilette. Nur wenige Minuten vom Hotel Hilton und dem Restaurant Kubicki!

Hostel przy Targu Rybnym,
Targ Rybny / ul. Grodzka 21, Tel. 058-3015627, www.gdanskhostel.com, 6 Zimmer, ab 14 € p.P., DZ 38–44 €.
In 10 Minuten kommt man zum Bahnhof und zum Zentrum der

Altstadt: In dem hervorragend gelegenen Hostel gibt es 15 Plätze in Ein- bis Dreibettzimmern und einen Schlafsaal für 10 Personen. Von den meisten Räumen schaut man auf den Fluss. Es werden Fahrräder und Boote vermietet, man spricht Englisch und Deutsch.

Gdańsk (Altstadt)

Scandic Gdańsk, ul. Podwale Grodzkie 9, 058-3006000, www.scandichotels.com, 143 Zimmer, darunter 19 Suiten (CC), 76–160 €.
Luxuriöses Viersternehotel gegenüber dem Hauptbahnhof und neben dem Einkaufszentrum City Forum. Kaum hat man die elegante, strahlend helle Lobby betreten, lässt man den Lärm der Stadt hinter sich und taucht in eine Welt ein, in der Komfort und diskreter Service betont werden. Die Zimmer sind freundlich eingerichtet und absolut ruhig, verfügen über Sat-TV, Internet-Zugang und Klimaanlage; Kaffee und Tee kann man sich gratis zubereiten. Für Eltern mit Kindern stehen Räume bereit, die durch Zwischentüren miteinander verbunden sind. Im bestens ausgestatteten Businesszentrum findet man Computer, Sekretariats- und Übersetzerservice, erholen kann man sich in der Sauna, im türkischen Dampfbad und im Massagesalon. Auf Wunsch wird man vom Flughafen Danzig-Rębiechewo mit Limousine abgeholt, ein Parkhaus befindet sich gleich nebenan. Während der Woche ist das Hotel mit Geschäftsleuten belegt, am Wochenende viele freie Plätze und reduzierte Preise.

Mercure Hevelius Gdańsk, ul. Heweliusza 22, Tel. 058-3210000, www.accorhotels.com, 281 Zimmer, 6 Suiten (CC), DZ ab 96 €.
Von außen ahnt man nicht, wie attraktiv das Hotel von innen ist. Es liegt nahe dem Bahnhof in der Altstadt und bietet von fast allen Zimmern einen phantastischen Ausblick. Wer einen Raum zur sonnigen Südseite wählt, dem liegt die Rechtstadt mit ihren Türmen und Kirchspitzen zu Füßen, backsteinerne Giebel und ein Meer ziegelroter Dächer. Es gibt allerdings auch Besucher, die die Nordseite vorziehen, von wo man auf die Hafenanlagen mit ihren Werften und Kränen schaut. 18 Stockwerke zählt das Dreisternehaus - je höher man wohnt, desto besser das Panorama. Alle Räume sind freundlich und komfortabel, die Suiten mit Antikmöbeln eingerichtet. Das opulente Frühstücksbüfett wird im Restaurant Hevelius serviert, das mit Sternmotiven an den berühmten Danziger Astronomen erinnert. Zusätzlich verfügt das Hotel über einen Nachtklub, ein Businesszentrum und sieben Konferenzsäle, mehrere Räume sind auf die Bedürfnisse von Behinderten abgestimmt. Höfliches und hilfsbereites Personal.

Gdańsk (Speicherinsel)

Gdańsk, ul. Szafarnia 9, Tel. 058-3001717, www.hotelgdansk.com.pl, 48 Zimmer (CC), 72–150 €.
Eines der schönsten Hotels der Stadt, ein rekonstruierter Speicher aus dem 18. Jh. direkt am Yachthafen und mit Blick auf die historische Rechtstadt. Mit schönem Spa, einer hausgeigenen Brauerei, kostenlosem WLAN und bewachtem Parkplatz. Ein Schiff verkehrt regelmäßig zwischen Meeresmuseum und Krantor.

Podewils, ul. Szafarnia 2–3, Tel. 058-3009560, www.podewilshotel.pl, 10 Zimmer (CC), 96–148 €.
Am rechten Ufer der Mottlau, gegenüber dem Krantor, befindet sich eines der wenigen Fünfsternehotels Polens mit antikem Mobiliar, Ölgemälden und allem erdenklichen Komfort. Der Luxus verlangt freilich seinen Preis: Das Podewils ist das teuerste Domizil der Hansestadt.

Qubus, ul. Chmielna 47/52, Tel. 058-7522100, www.qubushotel.com, 110 Zimmer (CC), 129 €.
Abends, wenn das Hotel auf der Speicherinsel beleuchtet ist, wirkt es am schönsten. Modernes und komfortables Interieur, alle Zimmer verfügen über Klimaanlage.

Królewski, ul. Ołowianka 1, Tel. 058-3261111, www.hotelkrolewski.pl, 30 Zimmer (CC), 118 €.

Hotel auf der Bleihof-Insel (Ołowianka) mit Sat-TV und Internetzugang.

Wrzeszcz

Szydłowski, ul. Grunwaldzka 114, Tel. 058-3457040, www.szydlowski.pl, 30 Zimmer, 5 Suiten (CC), 82–108€.
Dreisternehotel im nordwestlich

Komfortabel übernachten im Hotel Gdańsk

gelegenen Stadtteil Wrzeszcz (Langfuhr) nahe dem Lokalbahnhof. Alle Zimmer mit Bad und Sat-TV, Süßigkeiten holt man sich in der hauseigenen Bäckerei. Vom Danziger Zentrum zu Fuß in zehn Minuten erreichbar, aber auch mit Straßenbahn 6 und 12.

Villa Eva, ul. Batorego 28, Tel. 058-3416785, www.villaeva.pl, 14 Zimmer (CC), 75–90 €.

Kleines, feines Hotel mit hübschem Garten im nordwestlich gelegenen Stadtteil Wrzeszcz. Alle Zimmer mit Sat-TV, attraktiv eingerichtet und komfortabel, Kinder bis 14 Jahre schlafen gratis. Frau Ewa, die Gastgeberin, hat längere Zeit in England gelebt und empfängt jeden Gast auf sehr persönliche Art. Erreichbar ab Gdańsk mit Straßenbahn 6 oder 12, an der neunten Haltestelle aussteigen.

Studentenheime der Technischen Universität Gdańsk, (Domi Studenckich Politechniki Gdanoekiej), Zentrale: ul. Wyspiańskiego 7-A, Tel. 058-3472547, www.pg.gda.pl/osiedle.
Mehr als 10 Studentenheime nördlich und südlich der Grunwaldzka öffnen von Anfang Juli bis Ende September ihre Tore für Touristen. Es handelt sich fast ausschließlich um Einzel-, Doppel- und Dreibettzimmer, die allesamt über Kühlschrank verfügen. 10% Preisermäßigung gibt es für Akademiker, Lehrer und Studenten.

Oliwa

Dwór Oliwski, ul. Bytowska 4, Tel. 058-5547000, www.dwor-oliwski.com.pl, 40 Zimmer (CC), 102–170 €.
Ein ehemaliges Patrizierhaus aus dem 17. Jh. wurde in ein Fünfsternehotel umgewandelt. Es liegt mitten im Grünen im hügeligen Stadtteil Oliwa und verfügt über Pool, Jacuzzi und Sauna, die Küche ist französisch.

Jugendherberge SSM Grunwaldzka Nr. 4 (Schronisko Młodzieżowe 4), ul. Grunwaldzka 244, Tel. 058-3414108, www.mokf.com.pl, 45 Zimmer.
Moderne Unterkunft in einem Sportzentrum von Oliwa, dessen Anlagen man als Gast der Herberge nutzen kann. Alle Vierbettzimmer mit Waschbecken, WC und Duschen zur gemeinsamen Nutzung. Erreichbar vom Bahnhof Danzig mit Straßenbahn 6 oder 12 (Haltestelle Abrahama).

Jelitkowo

Novotel Gdańsk Marina, ul. Jelitkowska 20, Tel. 058-5589100, www.accorhotels.com, 176 Zimmer, 62–130 €.
Dreisterneklotz zwischen Danzig und Sopot, nur wenige Meter vom Strand und mit schönem Blick auf die Danziger Bucht. Das kürzlich renovierte Haus verfügt über Swimmingpool und Sauna, Tennisplatz, Billardsaal und Kegelbahn, nachts trifft man sich im Nachtklub oder im Casino. Auch für Geschäftsleute ist gesorgt: Sie finden ein modernes Businesszentrum mit Faxservice und Internetanschluss. Von Danzig mit der Straßenbahn 6 bis zur Endstation, dann umsteigen in Bus 143.

Posejdon, ul. Kapliczna 30, Tel. 058-5113000, www.accorhotels.com, 149 Zimmer (CC), 56–74 €.
Ein etwas wuchtiges, aber gut gelegenes Zweisternehotel aus den 70er-Jahren: nahe dem Strand von Jelitkowo, mit Garten und angrenzendem Park. Alle Zimmer mit Sat-TV und Telefon, dazu ein Swimmingpool und ein

Strandhotel Sheraton in Sopot

Kinderspielplatz, Sauna und Fitnessraum. Ab Gdańsk mit Straßenbahn 2 oder 4 zur Endstation.

Sopot

Sofitel Grand Sopot, ul. Powstańców Warszawy,
Tel. 058-5206022, www.orbis.pl, 127 Zimmer (CC), 144–212 €.
Traditionsreiches und renommiertes Hotel direkt am weißen Sandstrand von Sopot. Es wurde 1926 im schönsten Art Deco errichtet und hat sich bis heute seinen nostalgischen Charakter bewahrt. Nach Abschluss der Renovierung wird es zu den führenden Kurhotels Polens zählen, auch ein Zentrum alternativer Medizin ist geplant. Die Zimmer sind komfortabel und verfügen in der Mehrzahl über unverstellten Meerblick, die Suiten sind pompös eingerichtet. Das Frühstück wird im eleganten Restaurant eingenommen, außerdem gibt es

ein Café, eine Cocktail-Bar und ein Casino.

Rezydent, pl. Konstytucji 3 Maja 3, Sopot, Tel. 058-5555800, www.hotelrezydent.com.pl, 64 Zimmer (CC), 178 €.
Viersternehotel in einer restaurierten Villa nahe der Flanierstraße, nur wenige Minuten vom Bahnhof Sopot entfernt. Zimmer mit Sat-TV und Internet, dazu Sauna, Jacuzzi und Aromatherapie.

Haffner, ul. Haffnera 59, Tel. 058-5509888, www.hotelhaffner.pl, 106 Zimmer (CC), 70–145 €.
Nobelvilla nahe Stadtzentrum, 800 m vom Eingang zur Mole. Mit gutem Restaurant, Spa, Hallenbad und Sauna.

Opera »Antiaging & SPA«, ul. Moniuszki 10, Tel. 058-5555600, www.hotelopera.pl, 23 Zimmer (CC), 82–98 €.
Ein kleines Luxushotel im Grünen mit jeweils unterschiedlich eingerichteten Zimmern. Die teurere Suite verfügt über einen Kamin und ein großartiges Bad.

Zhong Hua, al. Wojska Polskiego 1, Tel. 058-5502020, www.hotelchinski.pl, 49 Zimmer (CC), 68–140 €.
Nahe der Mole: ein elegantes Dreisternehotel in den ehemaligen Bädern von Sopot. Die Zimmer sind groß und fernöstlich ausgestattet, von den Räumen im Parterre hat man direkten Zugang zum Strand. Das Hotel verfügt über einen Schönheitssalon, einen Billardsaal und einen Nachtklub. Das Chinarestaurant genießt einen hervorragenden Ruf, der Parkplatz befindet sich gleich nebenan.

Europa, al. Niepodległooeci 766, Tel. 058-5514490, www.hoteleuropa.com.pl, 32 Zimmer (CC), 70–95 €.
Renoviertes Dreisternehotel an der Straße Sopot - Gdańsk mit modern ausgestattetem Fitnesszentrum. Alle Zimmer mit Kabel-TV, Radio und Telefon. Beliebt bei Sprachschülern - die Szkoła Języka Polskiego liegt gleich gegenüber.

Eden, ul. Kordeckiego 4/6, Tel. 058-5511503, www.hotel-eden.com.pl, 26 Zimmer (CC), ab 75 €.
Einfache und preiswerte, von zwei älteren Damen geleitete Pension mit hübscher Wendeltreppe und Etagenbädern. Das Haus wurde 1908 im Jugendstil erbaut, liegt nahe an einem Park und nicht weit von Strand und Mole entfernt.

Irena, ul. Chopina 36, Tel. 058-5512073, www.pensjonat-irena.com, 16 Zimmer (CC), 70 €.
Eine hübsche Pension im Zentrum von Sopot, nur wenige Gehminuten von Strand und Mole entfernt. Das Haus stammt aus dem 19. Jahrhundert und wurde

vor kurzem vollständig renoviert, Innenräume im Jugendstil. Im Restaurant werden hervorragende Kalbsgerichte und ein origineller Gemüsepudding serviert.

Miramar, ul. Zamkowa Góra 25, Tel. 058-5500011, www.hotelmiramar.pl, 32 Zimmer (CC), 42–55 €.
Der Name täuscht: von Meerblick keine Spur, die Zimmer sind zudem extrem einfach. Einziger Vorteil: man hat's nicht weit zum Strand (ca. 300 m), auch Zelte können aufgeschlagen werden. Das Haus befindet sich nahe der Bahnstation Sopot Kamienny Potok.

Campingplatz Kamienny Potok Nr. 19,
ul. Zamkowa Góra 21/25, Sopot, Tel. 058-5500445, kempingnr19@wp.pl, Mai–September.
Bester Zeltplatz von Sopot: nahe dem Hotel Miramar mit Campinghäusern für 3-4 Personen, Kinder bis zu vier Jahren frei. Erreichbar ab Gdańsk mit dem Nahverkehrszug (kolejka), aussteigen an der Station Sopot Kamienny Potok.

Campingplatz Przy Pla&zy Nr. 67, ul. Bitwy pod Płowcami 73, Sopot, Tel. 058-5516523, www.camping67.sopot.pl, geöffnet 15. Juni bis 31. Aug.
Die Anlage auf Wiesengrund liegt nahe am Strand der Danziger Bucht, ist nicht so gut ausgestattet wie Platz Nr. 19.

Gdynia

Nadmorski, ul. Ejsmonda 2, Tel. 058-6697277, www.nadmorski.pl, 90 Zimmer (CC), 146–160 €.
Zwei Kilometer südlich des Stadtkerns von Gdynia: ein kleines Hotel am Meer, in unmittelbarer Nähe eines großen Naturreservats. Von der Terrasse des Restaurants bietet sich ein schöner Ausblick auf die Danziger Bucht.

Gdynia, ul. Armii Krajowej 22, Tel. 058-6663040, www.accorhotels.com, 294 Zimmer (CC), 44–112 €.
Elfstöckiger Dreisterneklotz aus den 80er-Jahren, ab der fünften Etage schönerer Ausblick, dafür aber auch höherer Übernachtungspreis. Mit mehreren Konferenzräumen, Schwimmbad und Sauna.

Willa Lubicz, ul. Orłowska 43, Tel. 058-6684740, www.willalubicz.pl, 16 Zimmer (CC), 108–120 €.
Hübsches Haus aus dem Jahr 1936 mit geräumigen und komfortablen Zimmern, alle mit Sat-TV und einige auch mit Klimaanlage.

Antracyt, ul. Korzeniowskiego 19–D, Tel. 058-6201239, www.hotel-antracyt.pl, 46 Zimmer (CC), 60–75 €.
Hotel in ruhiger Lage, zum Meer hat man's nicht weit. Begehrt sind vor allem die bereits renovierten Zimmer im oberen Stockwerk mit schönem Ausblick.

Restaurants, Cafés und Bars

Wie in allen polnischen Städten sind auch in Danzig neue Restaurants und Bistros entstanden, die den Hunger nach fremden und exotischen Genüssen stillen. Vertreten sind inzwischen nicht nur polnisch-pommersche, sondern auch italienische und mexikanische, chinesische und vietnamesische Küche. Auf Grund des stärker gewordenen Wettbewerbs hat sich die Qualität der Speisen deutlich verbessert.

Allerdings ist das Essengehen für Besucher aus dem westlichen Ausland nicht mehr so günstig wie in früheren Zeiten – vor allem in einigen Lokalen der Rechtstadt sind die Preise deutlich gestiegen. Nur dort, wo sich die einheimische Bevölkerung trifft, kann man noch die polnische Speisekarte durchprobieren, ohne tief ins Portemonnaie greifen zu müssen.

Die folgende Übersicht soll dem Besucher die Wahl des Restaurants erleichtern – fast alle Lokale liegen in den touristisch interessanten Vierteln. Um sich besser orientieren zu können, sind sie nach Stadtteilen sortiert.

Noch drei nützliche Hinweise:

1. In Nobelrestaurants ist es üblich, ein Trinkgeld von 5–10% zu zahlen, in den einfacheren Lokalen rundet man geringfügig auf.

2. Viele Restaurants beschäftigen einen ›Garderobier‹, bei dem man Mantel und Jacke gegen Aufpreis abgeben kann. Bei jüngeren Polen ist diese Institution ebenso umstritten wie die der Toilettenfrau, die bei jedem entsprechenden Gang abkassiert. Um unliebsame Überraschungen zu vermeiden, sollte man wissen: Das Kreissymbol erlaubt Damen, das Dreieck Herren den Zutritt.

3. Für den kleinen Hunger zwischendurch empfiehlt sich ein

Unsere Klassifizierung:

Für die einzelnen Preisklassen der Restaurants wurden Sternchen vergeben. Die angegebenen Preise gelten für ein Hauptgericht mit Nachspeise und Getränk. Wo mit Kreditkarten bezahlt werden kann, ist dies in Klammern (CC) hinzugefügt.

*** = obere Preisklasse (über 25 €)

** = mittlere Preisklasse (15–25 €)

* = untere Preisklasse (bis 15 €)

Snack auf der Mottlau-Promenade. Dort sind mehrere Schiffe vertäut, auf denen geräucherter und gebratener Fisch verkauft wird. An Ständen werden auch deftige Bratwürste angeboten. Die Ware ist frisch, günstig und obendrein genießt man den Blick auf ein- und ausfahrende Schiffe. Gut sitzen kann man auf den Mauern des Fischmarkts (Targ Rybny).

Gdańsk (Südliche Rechtstadt)

Tawerna*,** ul. Powroźnicza 19/20, Tel. 058-3014114, www.tawerna.pl, tgl. 11–23 Uhr (CC).
Am Langen Markt biegt man unmittelbar vor dem Grünen Tor in eine schmale Gasse ein - ein kleines Segelschiff weist den Weg zu dem Restaurant, das den Vergleich mit dem berühmten ›Lachs‹ nicht zu scheuen braucht. Mit einer langen Bar in Form eines Schiffs, seinen maritimen Ölgemälden und nautischen Instrumenten ist es einer Taverne nachempfunden, handbemalte Delfter Kacheln erinnern an die einst engen Beziehungen zwischen Danzig und den Niederlanden. Die Atmosphäre ist erfreulich locker und die Küche vom Feinsten: Vorneweg gibt's gratis kleine warme Brötchen mit Lachsbutter, dann empfiehlt sich Lachstatar mit Kapern (*Tatar z łososia*) oder Roggenmehlsuppe (*Żur staropolski*), die in einem frisch gebackenen, ausgehöhlten Brottrog serviert wird, auf dessen Grund Wachteleier schwimmen. Als Hauptgericht schmecken Zander in Zitronensoße (*Sandacz w sosie cytrynowym*) oder Braten-te mit Äpfeln (*Kaczka pieczona*), und wer dann immer noch Platz im Magen hat, greift zu schwerer Mousse au chocolat, die mit Understatement *Keks czekoladowy* genannt wird. Da sich das Lokal großer Beliebtheit erfreut, sollte man - zumindest am Wochenende - einen Tisch reservieren.

Sphinx*, Długi Targ 31/33, Tel. 058-3463711, www.sphinx.pl, tgl. 10–23 Uhr.
Beste Lage, großzügige Portionen und lockeres Ambiente: Kein Wunder, dass sich Sphinx binnen kurzer Zeit zum beliebtesten Lokal der Rechtstadt gemausert hat. Man sitzt entweder auf der Terrasse mit Blick auf Danzigs schönsten Platz oder drinnen an dunklen Holztischen in schummrigem Licht. Auf der Karte stehen arabische Klassiker wie Shoarma, Kebab und diverse Fleischspieße. Unersättliche bestellen Super-Sphinx, das glatt eine ganze Familie satt machen könnte. Alle Gerichte werden mit drei Soßen, Pita-Brot, Salat, Reis ode Pommes serviert - zur Wahl stehen aber auch mehr als zwei Dutzend Pizzas.

Ratskeller Piwnica Rajców,** Długi Targ 44, Tel. 058-3000280, tgl. 11–22 Uhr (CC).
Das Restaurant unter dem Artushof knüpft an alte Traditio-

nen an - mit deutschem Namen und stilvoller Einrichtung. Es gilt heute als eines der besten Kellerlokale Polens, sehr gut zubereitet ist das Kaninchen. Im Sommer kann man auch auf der Terrasse Platz nehmen - tagsüber versprüht sie Café-, abends Pub-Atmosphäre.

Café Ferber*, ul. Długa 77–78, Tel. 058-5514581.
Schönes Café in der Langgasse, bekannt für sein Frühstücksgedeck, seinen leckeren Käsekuchen und Apfelstrudel, das »Obstroulette« und vieles mehr …

Pod Jaszczurem*, ul. Długa 47/49, Tel. 058-3019113, tgl. 11–22 Uhr.
Beim ›Salamander‹ gibt es polnische Hausmannskost, amerikanische Steaks und italienische Pizza - leider alles etwas fad. Wäre nicht die attraktive Terrasse auf der Langgasse, gäbe es keinen Grund, hier einzukehren.

Bar Mleczny Neptun*, ul. Długa 33/34, Tel. 058-3014988, www.barneptun.pl, Mo–Fr 7.30–18, Sa–So 10–17 Uhr.
Die bekannteste »Milchbar« aus sozialistischen Zeiten, noch immer preiswert, einfach und beliebt!

Teestube Maraska*, ul. Długa 31/32, www.maraska.pl, tgl. ab 10 Uhr.
Hier kann man 80 verschiedene Sorten, darunter so ungewöhnliche Kreationen wie afrikanischen Earl Grey und Earl Grey Superior mit Feldblumen probieren. Es gibt nur drei Tischchen, daneben aber eine Fenstertheke, von der man gut die Passanten auf der Langgasse beobachten kann.

Café Capri*, ul. Długa 59/61, Tel. 058-3012475, www.barcapri.dl.pl, tgl. 10–21 Uhr.
Preiswerter und stets leckerer Käse- und Schokoladenkuchen, Apfel- und Cremetorte - üppige Portionen, doch etwas sterile Einrichtung.

Napoli*, ul. Długa 62/63, Tel. 058-3014146, www.napoli.pl, tgl. 11–23 Uhr.
Pastagerichte und üppig belegte Pizza in rustikalem Ambiente. Im Sommer sitzt man auf der Terrasse, im Winter im ersten Stock mit Blick auf die Langgasse.

Green Way*, ul. Długa 11, Tel. 058-3088228, www.greenway.pl, Mo–Sa 10–20, So 10–19 Uhr.
Nun gibt es auch in der Rechtstadt die Möglichkeit, vegetarisch zu essen - einfach nach bewährtem Rezept, aber gut. Mit Salaten und kleinen Gerichten. Je nach Lust und Laune der Besitzer gibt es z.B. Gemüseauflauf und mit Gemüse gefüllte Teigtaschen, als Nachtisch oft Karottenkuchen und Kompott. Weitere vegetarische Lokale finden sich in der Altstadt, in Sopot und Gdynia.

Daily Café*, ul. Długa 6–8, Tel. 058-3204228, www.dailycafe.pl, tgl. 8–21 Uhr.
Ein noch jugendlich wirkendes Publikum trifft sich »täglich« in der Langen Gasse - noch wichtiger als der gute Kaffee ist das aufgeschlossene Ambiente.

Euro,** ul. Długa 79/80, Tel. 058-3052383, www.restauracja-euro.com.pl, tgl. 12–23 Uhr (CC).
Am Westende der Langgasse: ein im Biedermeierstil eingerichtetes Lokal mit einem für die gebotene altpolnische Küche wenig passenden Namen. Spezialität des Hauses ist Hirschfilet auf süßsauren Früchten (*Comber jeleni*), aber auch Eisbein mit deftigem Sauerkraut (*Goloneczka z kapustą*) und gebratene Ente (*Kaczka pieczona*). Im Sommer kann man von der Außenterrasse den Strom der Besucher an sich vorbeiziehen lassen.

Gdańsk (Nördliche Rechtstadt)

Goldwasser,** ul. Długie Pobrzeże 22, Tel. 058-3018878, www.goldwasser.pl, tgl. 10–23 Uhr (CC).
Von Danziger Kunststudenten originell eingerichtetes Bistro am Ufer der Mottlau. Begehrt sind vor allem die Plätze auf dem Balkon.

Fishmarkt,** Targ Rybny 6-C, Tel. 058-3209011, www.targrybny.pl, tgl. 11–22 Uhr (CC).
Sehr zu empfehlen ist das Lokal am alten Fischmarkt (mit Terrasse) schräg gegenüber vom Hilton Hotel. Außer Fisch in vielen Varianten gibt es hier auch leckere Suppen!

Hanza*,** ul. Tokarska 6, Gdańsk, Tel. 058-3053427, www.hotelhanza.pl, tgl. 12–23 Uhr (CC).
Elegantes, auf Fischgerichte spezialisiertes Restaurant neben dem gleichnamigen Hotel, dazu ein Café im englischen Stil. Im Sommer sitzt man auf der Terrasse über der Mottlau.

Pierogarnia U Dzika*, ul. Piwna 59/60, Tel. 058-3052676, www.pierogarniaudzika.com, tgl. 11–22 Uhr (CC).
»Zum Wildschwein« - so nennt sich das Teigtaschenlokal in der Trinkgasse. Etwa 15 Sorten von Piroggen stehen zur Auswahl, aber auch Suppen, einfache Fisch- und Fleischgerichte. Gemütliches Ambiente und gute Preise!

Café Pikawa*, ul. Piwna 5/6, Tel. 058-3091444, www.pikawa.pl, tgl. 10–22 Uhr.
Hübsches Café in der »Trinkgasse« mit Konditorwaren.

Kabaret Ewan,** ul. Tkacka 27, Tel. 058-3011441, www.kabaretewan.pl, tgl. 14–4 Uhr (CC).
Etwas älteres Kellerlokal mit Salaten und kleinen Gerichten, ab 21 Uhr Disco und gegen Mitternacht Live-Shows.

Gdańska,** ul. Św. Ducha 16, Tel. 058-3057671, www.gdan ska.pl, tgl. 12–24 Uhr (CC).
Von der Decke baumeln Schiffsmodelle, an der Wand hängen Ölgemälde und auf den Tischen wurden schwere Kerzenlüster postiert: Das ›Danziger‹ gibt sich traditionsbewusst und bietet ausgezeichnete altpolnische Küche, in der Jagdzeit auch frisches Reh und Wildschwein.

Pod Łososiem*,** ul. Szeroka 54, Tel. 058-3017652, Fax 058-3015648, www.podlososiem.com.pl, tgl. 12–23 Uhr (CC).
Das Restaurant ›Zum Lachs‹ liegt in einer ruhigen Wohnstraße am Nordrand der Rechtstadt. Nachdem man die Gesichts- und Kleiderkontrolle von Pan Mirek, dem rot befrackten Butler, passiert hat, wird man in einen hellen, mit Stilmöbeln eingerichteten Raum geleitet und der gastronomische Part des Besuchs kann beginnen. Sämtliche Spezialitäten des Hauses haben etwas mit Lachs zu tun. Als Vorspeise gibt es feinen Lachs-Tatar, dann Lachs mit Krebs oder Steinpilz, in Schnittlauch- oder Kapernsoße, mit Kaviar überbacken oder vom Grill. Erlesen ist das Gedeck: Vom Aperitifkelch aus böhmischen Glas bis zum silbernen, figurengeschmückten Eisbecher wird größter Wert auf Präsentation gelegt – das Auge isst mit. Auf der Weinkarte stehen Tropfen aus aller Welt, darunter sogar Wein von den Golanhöhen! Zum Abschluss des Mahls bestellt man das legendenumrankte ›Goldwasser‹. Just in diesem Haus wurde es jahrhundertelang hergestellt, in ganz Europa rühmte man die hiesige Probierstube!

Gazeta Rock Café Muzeum Polskiego Rocka*, ul. Tkacka 7–8, Mi–Sa 19–4 Uhr.
Ungewöhnliches Café, das mit lebensgroßen Figuren polnischer Rockmusiker als kleines Museum daherkommt. Bequeme Sessel und spritzige Cocktails, freitags bricht das Diskofieber aus.

Gdańsk (Altstadt)

Kubicki,** ul. Wartka 5, Tel. 058-3010050, tgl. 11–22 Uhr (CC).
1918 eröffnet und damit eines der ältesten Restaurants der Stadt. Das Lokal mit sympathisch-nostalgischem Ambiente, an den Wänden historische Bilder von Danzig, liegt an der Schiffsanlegestelle nahe dem Fischmarkt; Günter Grass, hört man, kommt bei seinen Besuchen sehr gern hierher. Serviert wird kaschubische Küche. Die Qualität ist nicht mehr so gut wie früher, doch immer noch köstlich: der hausgemachte Käsekuchen.

Café Pellowski, Podwale Staromiejskie 82, Tel. 058-3014520, Mo–Sa 8–20, So 8–19 Uhr.
Traditionsreichste Danziger Bäckerei: Seit 1922 werden hier feinste Brot- und Backwaren herge-

stellt. In sozialistischer Zeit waren die Mandelmakronen (*Kokosanki*) im ganzen Land berühmt, zur Karnevalszeit wurden Millionen von Berlinern (*Pączki*) verkauft. Im angeschlossenen Café kann man sich Tiramisú mit Amaretto-Kirschen, rumgetränkten Mohnkuchen (*Makowiec*) und dazu eine Tasse starken Lavazza zu Gemüte führen. Wer Pikantes bevorzugt, greift zu Blätterteigtaschen mit Pilz und Sauerkraut (*Pieroszki z kapustą i grzybami*). Dank Katarzyna und Grzegorz Pellowski eine empfehlenswerte Adresse.

Green Way*, ul. Garncarska 4–6, Tel. 058-3014121, www.greenway.pl, Mo–Fr 10–19, Sa–So 12–19 Uhr.
Vorwiegend vegetarisches Lokal auf halbem Weg zwischen Rechtstadt und Bahnhof mit Salaten und kleinen Gerichten. Besonders begehrt sind die Pfannkuchen mit Kirschen und Sahne.

Irish Pub, ul. Korzenna 33/35, www.irish.pl, Di–Sa 16–1 Uhr.
Im zweiten Untergeschoss des Altstädtischen Rathauses befindet sich eine Kneipe mit Kirchenbänken und Nischen. Vor allem Studenten und Künstler kommen hierher, erfreuen sich an billigem Bier und Live-Musik, am Wochenende wird getanzt. An warmen Abenden sitzt man im Biergarten zwischen Rathaus und Radaunekanal.

Hevelius,** ul. Heweliusza 22, Tel. 058-3210000, tgl. ab 8 Uhr (CC).
Elegant gestyltes Restaurant im gleichnamigen Hotel, mit viel Edelholz, kostbaren Glaslüstern und Leinentischdecken. Zum hervorragenden, erstaunlich preiswerten Frühstücksbüfett sind auch Nicht-Hotelgäste willkommen. Gleiches gilt für den dreigängigen, täglich wechselnden Business-Lunch sowie den Sonntags-Brunch.

Weinstube Vinifera, ul. Wodopój 7, tgl. 14–24 Uhr.
Günter Grass hat sie in seinem Roman *Unkenrufe* literarisch verewigt: die winzige Weinstube in einem mittelalterlichen Fachwerkhaus am Radaune-Kanal, im Sommer auch mit Terrasse. Kurioserweise gibt es (zur Zeit) nur bulgarischen Sophia-Wein. »Die Danziger haben kein Geld für teure französische Tropfen«, rechtfertigt die Besitzerin ihre magere Auswahl. Tatsächlich staunt man, wenn man sich in polnischen Geschäften einmal nach den Weinpreisen erkundigt …

Gdańsk (Speicherinsel)

Podewils*,** ul. Szafarnia 2–3, Tel. 058-3009560, www.podewils.pl, Mo–Sa 8–11, 18–23, So 8–11 Uhr (CC).
Das Hotelrestaurant gegenüber vom Krantor bietet polnische und internationale Küche vom Feinsten: z.B. Wildgerichte und Beefsteak Tatar, dazu eine große Auswahl an Wein und anderen alkoholischen Getränken.

Brovarnia Gdańsk*, ul. Szafarnia 9, Tel. 058-3201970, www.hotelgdansk.com.pl, tgl. 13–23 Uhr (CC).
"If there's a better beer in Poland we'd like to know about it" - so schrieb der Danziger Pocket Guide. Doch in Danzigs erster hauseigenen Brauerei kann man nicht nur drei sehr gute Biersorten probieren, man kann dazu auch gut eine Kleinigkeit essen. Und von der Terrasse hat man zudemeinen tollen Ausblick auf die Altstadt!

Oliwa

Dwór Oliwski*,** ul. Bytowska 4, Tel. 058-5547070, www.dwor-oliwski.com.pl, tgl. 12–23 Uhr (CC).
Eine Top-Adresse für Gourmets: Französisches Restaurant in einem herrlich restaurierten Herrenhaus, köstlich schmeckt die Hummersuppe mit Kognak.

El Paso,** Stary Rynek Oliwski 7, Tel. 058-5520641, tgl. 13–23 Uhr (CC).
Es war der erste »echte« Mexikaner in Danzig, inzwischen gibt es eine »Kopie« in Gdynia. Um die polnischen Gäste nicht zu vergraulen, hält man sich mit Gewürzen etwas zurück, doch ein guter Tipp bleibt das Lokal - die Stimmung ist besonders abends gut, wenn der Tequila ausgeschenkt wird …

Margherita Pizza*, ul. Cystersów 11, Tel. 058-5523716, tgl. 11–22 Uhr.
Nach dem Besuch im Zoo freuen sich nicht nur Kinder über eine im Holzofen frisch vor ihren Augen gebackene Pizza. Man hat die Wahl zwischen etwa 30 Varianten!

Sopot

Petit Paris*,** ul. Grunwaldzka 12/16, Tel. 058-3419449, www.petitparis.pl, tgl. 13–22 Uhr.
Polnische Fleischgerichte vom Feinsten, nur 2 Gehminuten von der Mole!

Rezydent*** (Restauracja Autorska Pasjami), pl. Konstytucji 3 Maja 3, Tel. 058-5555800, www.hotelrezydent.com.pl, tgl. 12–22 Uhr (CC).
Das Restaurant im gleichnamigen Hotel liegt nahe der berühmten Vergnügungsstraße Bohaterów Monte Cassino und bietet internationale Küche vom Feinsten.

Café Ferber, ul. Bohaterów Monte Cassino 48, Tel. 058-5514581.
Eine Filiale des bekannten Cafés aus der Danziger Rechtstadt, viele Kaffee- und Schoko-Varianten.

Szeyk*, ul. Bohaterów Monte Cassino 60, Tel. 058-5510671, tgl. 12–24 Uhr.
Großes Terrassenlokal am unteren Ende der Flaniermeile mit preiswerten orientalischen Gerichten.

Pijalnia Czekolady E. Wedel*, ul. Bohaterów Monte Cassino 36/4, Tel. 058-5500335, www.wedelpijalnie.pl, tgl. 9–22 Uhr.
Bekannteste Schokostube Polens, in Sopot so beliebt wie in Warschau und Krakau!

Pod Strzechą*/,** ul. Bohaterów Monte Cassino 44, Tel. 058-5512476, tgl. 12–23 Uhr (CC).
Zweigeteiltes Lokal auf der Flaniermeile: rechts gibt es einfaches und preiswertes Essen, links ist alles eine Spur edler, Fisch in vielen Varianten, aber auch akzeptable Fleischgerichte.

Café Błękitny Pudel, ul. Bohaterów Monte Cassino 44, Tel 058-5511672, tgl. 10–23 Uhr, am Wochenende länger.
Der ›blaue Pudel‹ ist ein hübsches Café an Sopots Flaniermeile, abends ist es schwer, noch einen Platz zu ergattern. Draußen sitzt man auf verspielten gusseisernen Stühlen und lässt den Menschenstrom an sich vorbeiziehen. Der Innenraum mit Kopfsteinpflaster, Kanaldeckeln und sechs unterschiedlich eingedeckten Tischchen gibt sich museal. Zwar genießen die Besitzer nicht den Ruf, besonders freundlich zu sein, aber der Beliebtheit tut dies keinen Abbruch. Es gibt auch verschiedene Kleinigkeiten zu essen.

Gelateria Milano*, ul. Bohaterów Monte Cassino 58, Tel. 058-5504521, tgl. 10–20 Uhr.
Kleine nostalgische Holzvilla mit gutem Eis und Lavazza-Kaffee.

Dom Sushi,** ul. Bohaterów Monte Cassino 38, Tel. 058-5507007, www.domsushi.pl, tgl. 12–23 Uhr.
Eines der vielen neuen Sushi-Lokale und nach unserer Meinung das Beste!

Villa Sedan*,** ul. Pułaskiego 18–20, Tel./Fax 058-5510617, www.sedan.pl, tgl. 12–22 Uhr (CC).
Das Edelrestaurant ist berühmt für seine Entengerichte, auch Carpaccio mit Pflaumenmarinade ist lecker.

Language Pub, ul. Pułaskiego 8, tgl. 16–24 Uhr.
Kneipe für englische Lehrer und Sprachstudenten, auch ein paar englische Tageszeitungen liegen aus.

Zhong Hua*,** ul. Wojska Polskiego 1, Tel. 058-5502019, www.hotelchinski.pl, tgl. 13–23 Uhr (CC).
Hervorragender Chinese in einem exzentrischen, ganz aus Holz erbauten Badehaus von 1908. Die fernöstliche Einrichtung passt wunderbar zur nordischen Architektur, der Service ist vorbildlich, die Küche nicht gerade billig, aber erstklassig. Bei gutem Wetter sitzt man draußen mit Meerblick.

Tropikalna Wyspa*, ul. Traugutta (Richtung Strand), Sopot, Tel. 050-5090914, www.tropikalnawyspa.com, So-Do 10–22, Fr–Sa 10–24 Uhr (CC).
Eine ›tropische Insel‹ in Sopot, nur wenige Meter vom Meer: in flammenden Farben lackierte Stühle, Palmenmotive an der Wand und am Wochenende Reggae-Musik. Große Auswahl an exotischen Cocktails von Kamikaze Blue (Wodka mit Blue Bols) bis Passoa Amazonia (Passoa, Wodka und O-Saft).

Bar Przystań*, al. Wojska Polskiego 11, Tel. 058-5500241, www.barpryzstan.pl, tgl. 11–23 Uhr.
Beliebtes Fischlokal an der Strandpromenade von Sopot nach Brzeźno. Von der Terrasse kann man den Fischern bei der Arbeit zuschauen.

Wieloryb*,** ul. Podjazd 2, Tel. 058-5515722, www.klub-wieloryb.com.pl, tgl. 13–24 Uhr (CC).
Der ›Bauch des Wals‹ lockt mit silbernen, dreigesichtigen Meerjungfrauen bei raffinierter Beleuchtung, einem bunt schillernden Glasboden und gemütlichen Sitzecken. Große Auswahl an Cocktails und Weinen, die von freundlichen Barkeepern serviert werden. Originell und gut besucht, viele Gäste kommen auch zum Essen hierher. Nahe dem Hauptbahnhof.

Café-Bar Galeria Kiński, ul. Kościuszki 10, tgl. 16–4 Uhr.
Die Café-Bar im Geburtshaus von Klaus Kinski gibt sich museal. An den Wänden hängen Fotos und Plakate des großen Schauspielers, ein Sofa ist mit Nosferatu-Motiven bedruckt. Dazu Spiele, bei denen man sein Kinski-Wissen überprüfen kann, während man auf Kaffee oder Cocktail wartet.

Irena,** ul. Chopina 36, Tel. 058-5512073, www.pensjonat-irena.com, tgl. 13–23 Uhr (CC).
Man sitzt an Holztischen und verputzt altpolnische Gerichte, z.B. Wildschweinschinken mit Birne und Brombeeren oder Pfannkuchen überbacken mit Käse, oft gibt es dazu sogar Live-Musik. Schon seit Jahren ist Irena bei Touristen und Einheimischen gleichermaßen beliebt.

Chata Chłopska*, al. Niepodległości 954, Tel. 058-5550505, www.gospoda.trojmiasto.pl, tgl. 12–23 Uhr (CC).
Populäres polnisches Restaurant an der Hauptstrasse im Norden Sopots (nahe Aquapark). Empfehlenswert sind Pilzsuppe und Maultaschen, gefüllte Knödel nach litauischer Art und kaschubische Spezialitäten.

Haffner*,** ul. Haffnera 59, Tel. 058-5509888, Fax 058-5509800, www.hotelhaffner.pl, tgl. 12–22 Uhr (CC).
Hotelrestaurant etwas abseits vom Trubel der Vergnügungsmeile. Sehr gut schmeckt das

Sopot – gemütlich essen im Sopoter Stadtmuseum

Tunfisch-Carpaccio mit roter Pesto-Soße und Parmesan, wer Wildgerichte liebt, könnte z.B. Hirschlende mit Wald-Soße, Klößen und süße Möhren bestellen.

Gdynia

Taj Mahal*,** ul. Abrahama 86 (Eingang ul. Władyława IV), Tel. 058-6649211, www.tajmahal.com.pl, tgl. 12–22 Uhr.
Taj Mahal, inzwischen mehrmals umgezogen, startete als erstes indisches Restaurant der Dreistadt und hat sich trotz der vergleichsweise hohen Preise etabliert. Die Qualität ist hervorragend, nur das Ambiente ist nicht so gut wie früher. Verlassen Sie das Lokal nicht zu früh, sonst verpassen Sie den kostenlos verabreichten Mango-Likör!

Moon,** ul. Śląska 27, Tel. 058-6612977, tgl. 12–22 Uhr (CC).
Endlich ein Chinese, der ohne rote Drachen und Lampions auskommt. Mit pastellfarbenen Wänden, hellen Holzmöbeln und Leinentischdecken betont luftig-elegant. Leckere Fischsuppe, ›buddhistisches‹ Gemüse auf Reis, dazu originales Tsing-Tao-Bier.

Santorini,** ul. Świętojanska 61/5, Tel. 058-6619399, www.santorinigdynia.pl, tgl. 12–23 Uhr (CC).
Nirgendwo in der Dreistadt und Umgebung entdeckt man einen besseren Griechen. Gyros, Moussaka, Souvlaki und Tzatziki - alles wunderbar gewürzt!

Da Vinci,** ul. Świętojańska 15, Tel. 058-6200714, www.da-vinci.pl, tgl. 12–23 Uhr (CC).
Sowohl was Ambiente als auch Qualität des Essens betrifft, ist dies einer der besten Italiener der Dreistadt. Edel ausgestattet und dabei doch relativ preiswert!

Pueblo*, ul. Abrahama 56 (Eingang ul. Władyława IV), Tel. 058-6216007, tgl. 12–23 Uhr (CC).
Knapp westlich der Geschäftsstraße: erster Mexikaner der Dreistadt mit Burritos, Tacos und Fajitas, üppig gefüllt mit Hühnchen- oder Rindfleisch.

Greenway*, ul. Abrahama 24, Tel. 058-6201253, www.greenway.pl, Mo–Fr 11–19, Sa–So 12–18 Uhr.
Nach seinem Erfolg in Gdańsk nun auch in Gdynia: beliebtes vegetarisches Lokal mit leckeren Samosas und Möhrenkuchen.

Essdolmetscher

Hier die wichtigsten Begriffe der polnischen Speisekarte auf einen Blick:

antrykot	Entrecôte
babka drożdżowa	Hefekuchen
barszcz czerwony	Rote-Rüben-Suppe
– z krokotkiem	– mit Fleischkrokette
– z uszkami	– mit Teigtaschen
befsztyk	Beefsteak
– tatarski	Beefsteak Tatar
bigos	Krautgulasch mit Pilzen
budyń	Pudding
bukiet z jarzyn	Gemüseplatte (gekocht)
bułka	Brötchen
chleb	Brot
chłodnik	Kaltschale aus roter Beete
chrzan	Meerrettich
ciastko	Kuchen
cielęcina	Kalbfleisch
cukier	Zucker
dania bezmięsne	fleischlose Gerichte
– jarskie	vegetarische Gerichte
– mięsne	Fleischgerichte
– rybne	Fischgerichte
desery	Nachtisch
dorsz	Dorsch
drób	Geflügel
dziczyna	Wild
dżem	Marmelade
eskalopi cielęce	Kalbsschnitzel
fasolka szparagowa	grüne Bohnen
filet z kurczaka	Hähnchenfilet
flaki	Kutteln
frytki	Pommes Frites
galaretka	Götterspeise
golonka	Eisbein
gołąbki	mit Fleisch und Reis gefüllte Krautrouladen
groszek zielony	grüne Erbsen
gruszki	Birnen
grzyby	Pilze
– marynowane	marinierte Pilze
gulasz wołowy	Rindsgulasch
herbata	Tee

– z cytryną	Tee mit Zitrone
– z mlekiem	Tee mit Milch
indyk	Truthahn
jabłka	Äpfel
jagody	Blaubeeren
jajecznica	Rührei
jajko	Ei
kaczka pieczona	gebratene Ente
– z jabłkami	– mit Äpfeln
kalafior	Blumenkohl
kapusta kiszona	Sauerkraut
– z grzybami	Kraut mit Pilzen
kapuśniak	Krautsuppe
karp w galarecie	Karpfen in Aspik
kawa	Kaffee
kawior	Kaviar
kiełbasa	Wurst
– z rożna	Grillwurst
kluski/kluseczki	Nudeln
kompot	Kompott
knedle	Knödel
kotlet szabowy	Schweineschnitzel
– mielony	Hackschnitzel
krewetki	Garnelen, Krabben
królik	Kaninchen
krupnik	Graupensuppe
kurczak	Hähnchen
kurki	Pfifferlinge
lody	Eis
łosoś	Lachs
makowiec	Mohnkuchen
makrela	Makrele
maliny	Himbeeren
masło	Butter
miód pitny	Honigwein, Met
mizeria	Gurkensalat mit saurer Sahne
mleko	Milch
– kwaśne	Sauermilch
musztarda	Senf
naleśniki	Eierkuchen
– z serem	Eierkuchen mit Quark
napoje	Getränke
– alkoholowe	alkoholische Getränke

– bezalkoholowe	alkoholfreie Getränke
– owocowe	Fruchtgetränke
okoń	Barsch
ogórki kiszone	marinierte Gurken
owoce	Früchte, Obst
parówki	Würstchen
pasztet	Pastete
pieczarki	Champignons
pieczeń	Braten
– huzarska	gefüllter Rindsbraten
– z dzika	Wildschweinbraten
– wieprzowa	Schweinebraten
pieczywo	Gebäck
pieprz	Pfeffer
pierogi	gefüllte Teigtaschen
– po ruskie	auf russische Art
– z mięsem	mit Fleisch
– z kapustą	mit Sauerkraut
piwo	Bier
placki ziemniaczane	Kartoffelpuffer
polędwica	Lendenstück
pomodory	Tomaten
potrawka	Ragout
– z kurczaka	Geflügelragout
– cielęca	Kalbsragout
poziomki	wilde Erdbeeren
pstrąg	Forelle
rosół	Brühe
rożen	Grill
rumsztyk	Rumpsteak
ryba smażona	gebratener Fisch
– wędzona	geräucherter Fisch
– w galarecie	in Aspik
ryż	Reis
sałatka	grüner Salat
– jarzynowa	Gemüsesalat
– z pomidorów	Tomatensalat
sandacz	Zander
sardynka	Sardine
ser biały	Schichtkäse, Quark
– żółty	Hartkäse
sielawa	Maräne
sok	Saft
– pomarańczowy	Orangensaft
– pomidorowy	Tomatensaft
– jabłkowy	Apfelsaft
– z czarnej poreczki	Johannisbeersaft
sól	Salz
sos	Soße
stek	Steak
surówka	Rohkost, Salatbeilage
– z marchewki	Karottensalat
– z pomidorów	Tomatensalat
szarlotka	Apfelkuchen
szaszłyk	Fleischspieß
szczupak	Hecht
sznycel	Schnitzel
szparagi	Spargel
sztufada	Rindersauerbraten
śledź w oleju	Hering in Öl
śmietana	Sahne
szampan	Sekt
tort	Torte
twaróg	Quark, Schichtkäse
truskawki	Erdbeeren
warzywa	Gemüse
węgorz wędzony	geräucherter Aal
wieprzowina	Schweinefleisch
wino	Wein
– białe	Weißwein
– czerwone	Rotwein
– grzane	Glühwein
– wytrawne	trockener Wein
– słodki	süßer Wein
woda mineralna	Mineralwasser
wódka	Wodka
wołowina	Rindfleisch
zając w śmietanie	Hase in Sahne
zapiekanka	überback. Baguette
ziemnaki	Kartoffeln
zrazy	Fleischklößchen
zupa	Suppe
– grzybowa	Steinpilzsuppe
– jarzynowa	Gemüsesuppe
– ogórkowa	Gurkensuppe
– pomidorowa	Tomatensuppe
– szczawiowa	Sauerampfersuppe
żurek	Sauerrahmsuppe

Kultur und Vergnügen

Übersicht

Die Feste und Kulturveranstaltungen der laufenden Saison werden in der etwa alle drei Monate erscheinenden Zeitschrift *Gdańsk in your pocket* (englischsprachig) vorgestellt. Sie liegt gratis in den meisten Viersternehotels aus, in Buchhandlungen der Stadt kann man sie kaufen. Noch aktueller: In polnischer Sprache druckt die Tageszeitung *Gazeta Wyborcza* freitags das Kulturprogramm der kommenden Woche ab – man achte hier auf die Beilage mit dem Titel *Co jest gran*e (Was steht an?).

Karten für die Oper, die Philharmonie und das Theater bekommt man über die jeweilige englischsprachige Website, an der Kasse im Vorverkauf oder zwei Stunden vor Beginn der Vorführung.

Rock à la AgitProp – Im Altstädtischen Rathaus finden häufig Konzerte statt

Theater und Kino

Wybrzeże, das bekannte Stadttheater, konnte 1967 seine neue Spielstätte am Kohlenmarkt (Targ Węglowy) beziehen; an gleicher Stelle hatte früher das Staatstheater bzw. Königliche Theater gestanden. Zum Repertoire des Ensembles gehören klassische polnische Werke, vereinzelt auch moderne Stücke von in- und ausländischen Dramatikern. Regisseur Krzsztof Babicki ist es gelungen, das ›Große Haus‹ wieder zu einer der führenden Theaterbühnen Polens zu machen; Erfahrungen sammelte er u.a. am Alten Theater (Stary Teatr) in Krakau und an verschiedenen Spielstätten in Deutschland, Holland und Finnland.

- **Stadttheater Wybrzeże** (Großes Haus/Scena Duża), ul. Św. Ducha 2, Targ Węglowy, Gdańsk, Tel. 058-3011328, www.teatrwybrzeze.pl.

Miniatura, das einzige Kindertheater der Dreistadt, führt vom klassischen Märchen über Pantomime und Puppenspiele alles auf, was die Herzen der Jüngsten höher schlagen lässt.

- **Miniatura,** ul. Grunwaldzka 16, Wrzeszcz, Tel. 058-3410123, www.teatrminiatura.pl.

Die Scena Kameralna, das Zimmertheater in Sopot, bietet Stücke mit kleiner Besetzung und zeitgenössischem Touch.

- **Scena Kameralna,** ul. Bohaterów Monte Cassino 55/57, Sopot, Kasse Tel. 058-5507958.

Eine gute Nachricht für alle, die gern ins Kino gehen: Filme werden häufig in der Originalversion mit polnischen Untertiteln gezeigt - nur Kinderfilme sind synchronisiert. Für einen verregneten Tag in der Danziger Rechtstadt empfiehlt sich ein Seitensprung in eines der hier aufgeführten Kinos. Das schönste ist Polonia in Sopot, das modernste Silver Screen in Gdynia; viel Platz hat man im rechtstädtischen Neptun.

- **Silver Screen,** ul. Waszyngtona 21, Gdynia, www.multikino.pl/gdynia.
- **Neptun,** ul. Długa 57/58, Gdańsk, www.neptunfilm.pl.
- **Polonia,** ul. Bohaterów Monte Cassino 55/57, Sopot.

Oper und Klassik

Die Baltische Oper residiert in einem nicht sonderlich schön gebauten Haus aus dem Jahr 1950. Doch die Akustik ist hervorragend, weshalb auch einige Konzerte des Sinfonieorchesters hier zur Aufführung gelangen. Die meisten Konzerte gibt es freilich im Großen Saal der Baltischen Philharmonie auf der Bleihofinsel (Ołowianka), im August auch Aufführungen im Rahmen des Shakespeare-Festivals.

- **Baltische Oper** (Opera Bałtycka), al. Zwycięstwa 15, Tel. 058-7634912, www.operabaltycka.pl.
- **Baltische Philharmonie** (Filharmonia Bałtycka), ul. Ołowianka 1, Tel. 058-3206262, www.filharmonia.gda.pl

Im Stadtpark von Oliwa (Oliwski Park) werden während des Sommers zur Mittagszeit kostenlose Konzerte mit dem Ensemble Schola Cantorum Gedanensis aufgeführt. Dieser Chor singt unter Leitung des Dirigenten Jan Łukaszewski Werke von Chopin u.a. und wurde schon mehrfach mit Preisen ausgezeichnet.

Auf einem Hügel hoch über Sopot liegt die 1909 erbaute Waldoper, eine Freilichtbühne, in der sich alljährlich im Juni knapp 5000 Besucher zum polnischen Schlagerfestival einfinden. Es wird im ganzen Land ausgestrahlt und erfreut sich seit seiner Gründung 1964 ungebrochener Beliebtheit. Im Laufe des Jahres treten hier freilich nicht nur polnische Stars auf; von Abba über Udo Jürgens bis Charles Aznavour und José Feliciano gaben sich schon viele international bekannte Interpreten ein Stelldichein. Ältere Besucher erinnern sich vielleicht noch an die Richard-Wagner-Festspiele, die hier in der Zwischenkriegszeit stattfanden.

- **Waldoper** (Opera Leśna), ul. Moniuszki 12, Tel. 058-5558400, www.operalesna.com.pl.

Das Musiktheater wurde 1980 in Gdynia in einem neu erbauten, für damalige Verhältnisse ›modernen‹ Haus eröffnet. Politisch engagierte Musicals wurden nur in der Anfangsphase aufgeführt, danach öffnete man sich den auch im westlichen Ausland erfolgreichen Stücken vom New Yorker Broadway und Londoner Westend.

- **Musiktheater** (Teatr Muzyczny im. Danuty Baduszkowej), pl. Grunwaldzki 1, Gdynia, Tel. 058-6616000, www.muzyczny.org.

Jazz, Rock, Pop

Offenbar macht es immer mehr Danzigern Spaß, sich mit Freunden zu einem Glas Bier in einer Kneipe zu treffen und Live-Musik zu hören. Denn die Zahl der Musikkneipen, in denen am Wochenende, manchmal auch werktags Gruppen auftreten, hat in der Dreistadt in den vergangenen Jahren zugenommen. Auf dem Königsweg treten Jazzmusiker z.B. im U Filipa und im jazz club auf, danach geht man gern ins Rock Café nahe dem Großen Zeughaus. Die wohl beste Atmosphäre herrscht im Irish Pub, wo sich Danziger Künstler und Studenten verabreden; die preiswerte Kneipe liegt etwas versteckt im zweiten Untergeschoss des Altstädtischen Rathauses.

- **U Filipa,** ul. Długa 45, Südl. Rechtstadt.
- **jazz club,** Długi Targ 39/40, Südl. Rechtstadt.
- **Gazeta Rock Café Muzeum Polskiego Rocka**, ul. Tkacka 7–8, Nördl. Rechtstadt.
- **Irish Pub,** ul. Korzenna 33/35, www.irish.pl, Altstadt.

Museen und Galerien

Fast alle Museen der Dreistadt sind in historischen Gebäuden untergebracht - sie allein lohnen einen Besuch. Am schönsten sind das Museum für Stadtgeschichte im Rechtstädtischen Rathaus sowie das Zentrale Meeresmuseum im mittelalterlichen Krantor. Der Eintritt zu den Museen ist im Vergleich zu westlichen Museen spottbillig, an einem Tag der Woche meist gar kostenlos; der Montag ist in der Regel Ruhetag. Wer sich für zeitgenössische Kunst interessiert, wird in einer der vielen Galerien fündig, die über die Dreistadt verstreut sind. Danzigs 1000-jährige Geschichte ist im Rechtstädtischen Rathaus aufbereitet; eine Fotoausstellung dokumentiert die Zerstörung der Stadt im Zweiten Weltkrieg und ihren minutiösen Wiederaufbau. Wer mehr über den Widerstand der Danziger Polen erfahren will, wird in der Polnischen Post in die 14-stündige Abwehrschlacht der Angestellten eingeweiht; eine kleine Ausstellung auf der Westerplatte informiert über die Soldaten, die dort sechs Tage lang der deutschen Übermacht trotzten. Wer in der Historie weiter zurückgehen will, studiert im Uphagenhaus die Wohnkultur Danziger Patrizier im 17. Jahrhundert. Im Archäologischen Museum stößt man auf Spuren der Pruzzen, Warmier und Slawen, außerdem gibt es dort eine informative Bernstein-Ausstellung.

- **Museum für Stadtgeschichte** (Muzeum Historii Miasta Gdanska), ul. Długa 46/47, www.mhmg.gda.pl, Di 10–15, Mi–Sa 10–16, So 11–16 Uhr, länger geöffnet Juli/Aug., Eintritt 2,50 €.
- **Uphagenhaus** (Dom Uphagena), ul. Długa 12, www.mhmg.gda.pl, Di 10–15, Mi–Sa 10–18, So 11–16 Uhr, länger geöffnet Juli/Aug., Eintritt 2,50 €.
- **Artushof** (Dwór Artusa), Długi Targ 44, Di–Sa 10–16, So 11–16 Uhr, Juli und Aug. länger, Eintritt 2,50 €.
- **Archäologisches Museum** (Muzeum Archeologiczne), ul. Mariacka 26, www.archeologia.pl, Di 8–16, Mi 9–17, Do–Fr 8–16, Sa–So 10–16 Uhr, im Juli/August länger geöffnet.
- **Polnische Post** (Poczta Polska), ul. Obrońców Poczty Polskiej 1/2, www.mhmg.gda.pl, Di 10–15, Mi–Fr 10–16 Uhr.
- **Westerplatte,** ul. Sucharskiego 1, www.mhmg.gda.pl, Mai–Sept. Di–So 9–16 Uhr.

Rund ums Meer: Bei einer Stadt direkt an der Ostsee verwundert es nicht, dass sich gleich mehrere Museen dieses Themas annehmen. Das größte und schönste ist das Zentrale Meeresmuseum in bester Lage am Ufer der Mottlau. Im Krantor, einem Denkmal mittelalterlicher Industriekultur, kann man den ausgeklügelten Hebemechanismus studieren, mit dem Schiffsmasten aufgerichtet und selbst schwerste Waren an Land gehievt wurden. Im Nebenbau sind Boote vieler Epochen und Erdteile ausgestellt; vom ausgehöhlten Einbaum bis zum hochseetüchtigen Boot zeigen sie, mit welchen Gefährten sich der Mensch aufs Meer hinauswagte. Eine museumseigene Fähre schippert mehrmals stündlich zum gegenüberliegenden Ufer, wo sich die Ausstellung in rekonstruierten Speichern fortsetzt. Wer mehr an Meeresflora und -fauna oder an einem alten Windjammer interessiert ist, fährt zum Uferkai nach Gdynia.

- **Zentrales Meeresmuseum** (Centralne Muzeum Morskie), ul. Długie Pobrzeże / ul. Szeroka 67/68 & Wyspa Ołowianka, www.cmm.pl, Di–So 10–16 Uhr.
- **Błyskawica, al. Jana Pawła II** (Südmole), Gdynia, www.navy.mw.mil.pl, Di–So 10–12.30, 14–16.30 Uhr, 2 €.
- **Dar Pomorza,** al Jana Pawła II, Gdynia, www.cmm.pl, Di–So 10–16 Uhr.
- **Ozeanographisches Museum und Meeresaquarium** (Muzeum Ocea-

nograficzne i Akwarium Morksie), al. Zjednoczenia 1, Gdynia, www.akwarium.gdynia.pl, tgl. 9–19 Uhr, 4 €.

Kunst vom 15. bis zum 19. Jahrhundert ist im Nationalmuseum ausgestellt, das sich im ehemaligen Franziskanerkloster in der Danziger Vorstadt befindet. Sein Schmuckstück ist das *Jüngste Gericht* von Hans Memling, einem Maler aus Brügge; viele andere Künstler, darunter Frans Floris und Anthonis van Dyck, belegen den einst engen Kontakt zu Flandern. Ferner im Angebot: Danziger Meister wie Anton Möller und Johann Carl Schultz, Skizzen von Daniel Chodowiecki sowie kostbare Goldschmiede- und Silberarbeiten. Ausschließlich sakrale Kunst findet man im Diözesanmuseum in Oliwa.

Wem eher der Sinn nach moderner Kunst steht, besucht den ehemaligen Palast der Äbte nebenan, wo Ausstellungen bereits etablierter Maler und Bildhauer gezeigt werden.

- **Nationalmuseum** (Muzeum Narodowe), ul. Toruńska 1, www.muzeum.narodowe.gda.pl, Di–So 10–17 Uhr, Eintritt 2,50 €.
- **Diözesanmuseum** (Muzeum Diecezjalne) & Kloster (Klasztor), ul. Cystersów 16, Di–So 10–16 Uhr.
- **Palast der Äbte** (Pałac Opacki), ul. Cystersów 13, Di–So 10–16 Uhr.

Galerien sind über die gesamte Dreistadt verteilt. In Sopot, wo sich besonders viele Maler und Bildhauer niedergelassen haben, ist der einstige Gutshof der Adelsfamilie Sierakowski die beste Adresse. Außer guten Ausstellungen finden hier Seminare und Konzertabende statt. In Oliwa könnte man die Galerie moderner Kunst besuchen, in Danzig die Galerie im Altstädtischen Rathaus, die Günter Grass Galerie in der Rechtstadt, vielleicht auch das Zentrum zeitgenössischer Kunst im ehemaligen Stadtbad (Łaźnia) sowie die Galerie Wyspa in der Rechtstadt. Ausstellungen für Fotofreunde gibt es in der Galerie Cyclop.

- **Dworek Sierakowskich,** ul. Czyżewskiego 12, Sopot.
- **Galerie moderner Kunst** (Galeria Sztuki Wspólczesnej), ul. Cystersów 18, Oliwa, www.muzeum.narodowe.gda.pl, Di–So 10–16 Uhr, Eintritt 2,50 €.
- **Altstädtisches Rathaus** (Ratusz Staromiejski), ul. Korzenna 33/35, Gdańsk, www.nck.org.pl, Di–So 10–18 Uhr.
- **Günter Grass Galerie in Danzig** (Gdańska Galeria Güntera Grassa), ul. Szeroka 34/35 / Ecke Grobla, www.ggm.gda.pl, Di–So 11–17 Uhr. Die Galerie ist dem künstlerischen Werk von Günter Grass gewidmet, zeigt seine bildhauerischen und graphischen Werke.
- **Zentrum zeitgenössischer Kunst Łaźnia** (Centrum Sztuki Współczesnej), ul. Jaskólcza, Gdańsk, www.info.galerie.art.pl/galerie/laznia.html, Mo geschl.
- **Galeria Wyspa,** ul. Chlebnicka 13/16, Gdańsk, www.info.galerie.art.pl/galerie/wyspa.html, Mo geschl.
- **Galeriia Fotografii,** ul. Piwna 55, Gdańsk, Mo geschl.

Das Ethnographische Museum im ehemaligen Abteispeicher von Oliwa zeigt kaschubisches Kunsthandwerk, während das Uhrenmuseum in der Katharinenkirche all jene Instrumente zeigt, mit dem in den vergangenen Jahrhunderten der Fluss der Zeit gemessen wurde.

- **Ethnographisches Museum** (Muzeum Etnograficzne), ul. Cystersów 18, Oliwa, Di–So 10–17 Uhr, Eintritt 2 €.
- **Uhrenmuseum** (Muzeum Żegarów), ul. Wielkie Młyny, Gdańsk, Di–So 10–17 Uhr Juni–August, sonst nur nach Voranmeldung, Tel. 058-3056492.

Läden und Märkte

Das Warenangebot in europäischen Städten gleicht sich immer mehr an - auch Danzig macht bei dieser Entwicklung keine Ausnahme. Und dennoch gibt es sie noch, die landestypischen Mitbringsel, auf die so mancher Polen-Urlauber erpicht ist. Souvenirläden mit Keramik, Bernstein- und Silberschmuck entdeckt man vor allem an der Promenade am Mottlauufer, in der Frauengasse und auf dem Langen Markt.

Bernstein- und Silberschmuck

In keiner polnischen Stadt finden Liebhaber von Bernstein ein größeres Angebot. Besonderen Spaß bereitet es, den Herstellern beim Schleifen und Polieren zuzuschauen. Das kann man z.B. im M & M, einem attraktiven kleinen Laden am Ufer der Mottlau. In der Frauengasse ist Teresa Wydra eine gute Anlaufadresse, ein museal anmutender Laden mit schweren, dunklen Möbeln und reichem Sortiment. Hier bekommt man Bernstein in allen Varianten: die Auswahl reicht von Krawattennadeln und Manschettenknöpfen bis zum Schachspiel mit handgeschnitzten Figuren.

Einmalige Schmuckstücke findet man auch in der Galerie Hemerling; gleich nebenan, in der Silber & Bernstein Galerie gibt es außerdem schöne Lampen und handbemalte Keramik.

Wichtiger Tipp: In Läden mit Bernsteinschmuck wird Käu-

»Hier kaufst Du ganz Danzig«

fern bei Barzahlung oft Rabatt gewährt.

- **M & M,** ul. Długie Pobrzeże 1.
- **Galerie Teresa Wydra,** ul. Mariacka 49.
- **Galerie Hemerling,** ul. Mariacka 34.
- **Silber & Amber Gallery,** ul. Mariacka 36.

Kunsthandwerk und Antiquitäten

Für traditionelles polnisches Kunsthandwerk ist Cepelia noch immer eine der besten Adressen. Das Hauptgeschäft befindet sich in der Langgasse; verkauft werden Bilder und geschnitzte Figuren, Teppiche, Lederwaren und Wolljacken.

- **Cepelia,** ul. Długa 47/49 (Filialen in Sopot und Gdynia).

Pelze & Leder

Ein schmiedeeisernes Krokodil über dem Portal weist den Weg zur Zakład Kaletniczy, einer kleinen Werkstatt, in der qualitativ hochwertige Lederwaren hergestellt werden. Taschen und Rucksäcke, Gürtel und Börsen, herrlich nach Leder duftend und gut gearbeitet.

- **Zakład Kaletniczy,** ul. Piwna 19/21, So geschl.

Ein Riesenklunker Bernstein gefällig? In der Mariengasse bekommen Sie, was Sie suchen

Bücher

Im modernen Empik Megastore, Herzstück des Einkaufszentrums City Forum gegenüber dem Bahnhof, findet man alles, was man braucht: internationale Tageszeitungen und Zeitschriften, polnische, aber auch deutsch- und englischsprachige Literatur. Filialen wurden inzwischen in allen Danziger Stadtteilen, auch am Königsweg, eröffnet.

- **Empik Megastore,** ul. Podwale Grodzkie 8.

Kuriosa

Am Ufer der Mottlau, nahe dem Heiliggeisttor (Brama Św. Ducha), befindet sich der Danziger Bowke, ein faszinierender Laden, in dem man stundenlang stöbern kann. Da gibt es Buddelschiffe und rostige Anker, Schnupftabak in kleinen Dosen, kaschubisches Porzellan und mundgeblasenes Glas, dazu viele historische Sti-

Viel Maritimes im Danziger Bowke

che und Bücher. Seinen Namen verdankt der Laden den Danziger Bowken, jenen Gestalten, die den lieben langen Tag am Kai herumlungerten, Pfeife rauchten, einen Likör nach dem andern tranken und mit Freude ins Wasser spuckten. Zwar mochten ein paar unangenehme Gesellen darunter sein, vielleicht auch einige mit ›klebrigen Fingern‹, worauf das Wort *bowen* (stehlen) verweist, doch die meisten waren ganz harmlos und verdienten sich ihren kargen Lohn beim Verladen der Schiffe.

- **Danziger Bowke** (Gdański Bówka), ul. Długie Pobrzeże 11.

Markt

Bekanntester aller Danziger Märkte ist der Dominikanermarkt. In den ersten zwei Augustwochen lockt er Tausende von Besuchern an die Mottlau, wo rings um den Fischmarkt, aber auch an der Promenade und am Langen Markt die Verkaufsstände aufgebaut werden. Hier wird alles angeboten, was Aussicht auf Gewinn verspricht, natürlich auch hier Antiquitäten, Bernstein und Kunsthandwerk.

Während des übrigen Jahres trifft man sich in Gdańsk und Gdynia in den Markthallen, wo frischer Fisch, Obst und Gemüse, aber

Beliebte Mitbringsel: Glas und Keramik

auch Leder- und Haushaltswaren angepriesen werden. Vor der Halle sitzen alte Mütterchen auf kleinen Hockern und verkaufen ihre frisch gesammelten Pilze und Beeren.

- **Markthalle** (Hala Targowa), pl. Dominikański 1, Gdańsk, So geschl.
- **Markthalle** (Hala Targowa), ul. Wójta Radtkiego / ul. 3 Maja, Gdynia, So geschl.

Einkaufszentren

Es gibt in Danzig keine zentrale Einkaufsstraße. Viele Bewohner fahren nach Wrzescz (dort z.B. ins achtstöckige Shopping Center Manhattan) oder nach Gdynia (z.B. ins Center Klif mit mehr als 100 Läden). Gegenüber dem Danziger Hauptbahnhof lohnt ein Blick ins City Forum, zwei Minuten entfernt befindet sich das Madison Shopping Centre mit attraktiven Boutiquen, Supermarkt und kleineren Läden (Mo–Sa ab 9, So ab 10 Uhr geöffnet).

- **Manhattan,** al. Grunwaldzka 82, Wrzeszcz, Bus 115, 122, 127, 129, 164, 199, Straßenbahn 6, 12 und 15.
- **Klif,** al. Zwycięstwa 256, Gdynia (Bahnstation Orłowo), Bus 121, Oberleitungsbus 21 und 26.
- **City Forum,** ul. Podwale Grodzkie 8, Gdańsk.
- **Madison,** ul. Rajska 10, Gdańsk, www.madison.gda.pl.

Sport und Erholung

In der etwa alle drei Monate erscheinenden Zeitschrift *Gdańsk in your pocket* (in englischer Sprache) findet man alle aktuellen Angebote in und um Danzig. Sollte die Zeitschrift ausverkauft sein,

Lange Strandläufe, ausgiebige Badepartien – am Strand von Sopot

bleibt immer noch die Touristeninformation, die mit Rat und Tat zur Seite steht. Man kann in der Dreistadt Schiffsausflüge machen, segeln, baden und tauchen, wandern und Rad fahren, Golf, Squash und Tennis spielen. Kinder besuchen gern den Danziger Zoo und *Miniatura*, das einzige Puppentheater der Stadt.

Schiffsausflüge in der Danziger Bucht werden in den Sommermonaten (tgl. aber nur Anfang Juni bis Anfang Sept.) angeboten. Schiffe der Weißen Flotte starten von der Anlegestelle am Grünen Tor (Przystań przy Zielonej Bramie) und fahren nach Sopot, Gdynia, zur Westerplatte sowie nach Sobieszewo und zur Halbinsel Hel. Die genauen Abfahrtszeiten sind den Tafeln an der Anlegestelle zu entnehmen, wo sich auch die Kasse befindet. Kinder bis zu vier Jahren fahren kostenlos. Leiter von Reisegruppen, die außerplanmäßig eine Tour unternehmen wollen, wenden sich zwecks Reservierung an folgende Adresse:

- **Żegluga Gdańska,**
  ul. Pończoszników 2,
  80830 Gdańsk, www.zegluga.pl.

Baden im Meer

An der Danziger Bucht hat sich die Wasserqualität in den vergangenen Jahren deutlich verbessert, fast alle Badestrände sind bewacht. Durch die Halbinsel Hel ist die Küste vor dem Zustrom kalten Ostseewassers geschützt, der Seewind sorgt in den Sommermonaten für eine angenehme Kühlung. Gut zum Schwimmen geeignet ist der weiße Strand von Sopot, doch nicht schlecht sind auch die näher an Danzig gelegenen Strände in Brzeźno (Straßenbahn 13/15), Jelitkowo (Straßenbahn 2/4/6) und Stogi Beach (Straßenbahn 8/13).

Surfen

- **Sopot Surfcenter,** ul. Bitwy pod Płowcami 67, Sopot, Kurse Juli–August 10–19 Uhr.

Segeln

- **Jachtklub L.O.K.,** ul. Tamka 19a, Gdańsk, Tel. 058-3073793.
- **Jachtklub G.R.Y.F.,** al. Zjednoczenia 11a, Gdynia, Tel./Fax 058-6202361.
- **Jachtklub Marynarki Wojennej Kotwica,** al. Zjednoczenia 13b, Gdynia, Tel. 058-6204959.

Schwimmbäder

- **Hotel Marina,** ul. Jelitkowska 20, Gdańsk, tgl. 9–21 Uhr.
- **Hotel Posejdon,** ul. Kapliczna 30, Gdańsk, tgl. 9–21 Uhr.
- **Zacisze,** ul. Zacisze 7/9, Sopot, tgl. 16–22 Uhr: nahe Waldoper

Wasserpark

- **Aquapark Sopot,** ul. Zamkowa Góra 3–5, Tel. 058-5558555, www.aquaparksopot.pl, tgl. 8–20 Uhr. Nahe der Zugstation Kamienny Potok.

Fitnesszentren

- **Baltic Oasis,** ul. Kopernika 71, Tel. 058-6223379.
- **Fitness Club Gymnasion,** ul. Rajska 10 (Madison Shopping Centre), Tel. 058-7667462.
- **Tiger Gym,** al. Grunwaldzka 82 (Manhattan Shopping Centre), Tel. 058-7677670.

Sportzentren

- **Sportzentrum U7,** ul. Plac Dominikański 7, Gdańsk, 9–24 Uhr. Schwimmbad, Bowling u.a.

Winterliches Lichtspiel über Danzig

- **Sportzentrum Sopot,** ul. Zacisze 7/9, Sopot, 16–22 Uhr. Schwimmbad, Sauna, Fitnessraum, Tennis, Squash, Aerobic.

Wandern & Radfahren

Vom Stadtteil Brzeźno bis in den Norden Sopots erstreckt sich ein 10 km langer Rad- und Wanderweg immer am Strand entlang, zeitweise am Rand von Kiefernwald. Unterwegs kann man in mehreren Bars Pause machen, z.B. in der Bar Przystań und im Pub Koliba.

Tennis

- **Sopot Tennis Club,** ul. Ceynowy 5/7, Sopot, Tel. 058-5513530, 8–22 Uhr: mit 15 Außen- und 7 Hallenplätzen größte Anlage der Stadt.
- **Hotel Marina,** ul. Jelitkowska, Sopot, Tel. 058-5532079, 8–22 Uhr: hoteleigene Plätze.
- **Lucky Hotels Sopot,** ul. Haffnera 81/85, Sopot, Tel. 058-5514204, 8–22 Uhr: hoteleigener Platz.

Reiten

- **Hipodrom Sopot,** ul. Polna s/n, Sopot, Tel. 058-501441162, www.skj-sopot.pl.
- **Reitklub Oliva** (Klub Jęzdziecki Oliwa), ul. Bytowska 1, Oliwa, Tel. 058-501100056.

Golf

- **Golf Club Postołowo,** Postołowo, Tel. 058-6837100, 29 km von Gdańsk.

Danziger Zoo

Der Zoologische Park ist nicht nur bei Kindern beliebt. Er befindet sich westlich der Klosteranlage in Oliwa und beherbergt über 600 Tiere aus aller Welt in weitläufigen, artgerechten Gehegen. Die 5 km lange Wegstrecke kann auch in Kutsche und Bimmelbahn zurückgelegt werden.

- **Zoo** (Ogród zoologiczny), ul. Karwienska 3, www.zoo.gd.pl., tgl. im Sommer 9–19, im Winter 9–14 Uhr, Eintritt 3 €.

Reisetipps von A bis Z

Anreise

Zur Einreise genügt für Deutsche, Österreicher und Schweizer der Personalausweis oder Reisepass. Kinder brauchen einen eigenen Ausweis mit Lichtbild und dem Vermerk der Nationalität.
Wer mit Hund reist, muss sich einen EU-Heimtierausweis besorgen, in dem Name, Alter, Rasse und Geschlecht des Tieres sowie die Kennzeichnungsnummer vermerkt sind. Darin muss auch die gültige Tollwutimpfung bescheinigt sein.

Mit dem Auto

Die meisten Danzig-Touristen wählen den Grenzübergang bei Pomerellen an der von Berlin nach Stettin führenden A 11, auf polnischer Seite geht es dann weiter auf der vorwiegend gut ausgebauten Nationalstraße 6 (E28). Alternativ kann man auch über Usedom/Swinemünde einreisen und dann küstennah weiter via Kolberg (Kołobrzeg) und Stolp (Słupsk). An allen – rund um die Uhr geöffneten – Grenzübergängen unterhält der Polnische Motorverband (PZM) Dienststellen. Er informiert über Verkehrsregeln und Reisebedingungen in Polen, Geldwechsel ist möglich. Zur Einreise braucht man den nationalen Führerschein und den Kfz-Schein.
Wer mit einem geliehenen Pkw einreisen will, muss eine amtlich beglaubigte Benutzungsvollmacht vorweisen können. Vordrücke hierfür sind in den ADAC-Geschäftsstellen erhältlich und werden für Mitglieder dort auch beglaubigt. Zwingend vorgeschrieben ist das Mitführen eines Warndreiecks sowie eines Verbandkastens. Überdies muss an der Rückseite des Wagens das Nationalitätenkennzeichen angebracht sein. Benzin darf zollfrei nur in begrenzter Menge eingeführt werden: pro Pkw ein Reservekanister mit maximal 20 Litern. Informationen über die Benzinversorgung in Polen und die dort gültigen Verkehrsregeln finden sich im Kapitel ➤Autofahren.

Mit dem Bus

Nicht am bequemsten, doch am billigsten erreicht man Danzig mit dem Bus. Regelmäßige Verbindungen von Berlin und anderen Städten werden von der Deutschen Touring GmbH in Zusammenarbeit mit polnischen Veranstaltern unterhalten.

- **Deutsche Touring GmbH,**
  Am Römerhof 17, 60486 Frankfurt am Main, Tel. 069/7903288, www.touring.de.

Die Fernbusse kommen am Busbahnhof Gdańsk (Dworzec PKS, www.pks.gdansk.pl) in der ul. 3 Maja, unmittelbar hinter dem Hauptbahnhof, an. Von der Halle folgt man dem Zeichen *Centrum* zur Unterführung, vor dem großen Buchladen Empik geht es rechts die Treppe hinauf zur ul. Podwale Grodzkie.

Mit dem Zug

Mehrmals täglich verkehrt ein EuroCity von Berlin via Frankfurt/Oder und Posen nach Warschau. Von dort geht es weiter im InterCity nach Danzig. Der IC von Amsterdam über Hannover nach Stettin wurde eingestellt, die Anfahrt via Berlin und Stettin nach Danzig hat sich damit weiter verlangsamt. Aus Österreich kommt man im EC von Wien nach Warschau, Schweizer fahren über Wien oder Prag.

Attraktiv sind die Nachtzugreisen: Man steigt abends in den Zug, erreicht am frühen Morgen ausgeschlafen den Ankunftsort und hat so einen Urlaubstag gewonnen; bei der Fahrt im Schlafwagen erledigt der Schaffner die Passkontrolle für den Gast, der ungestört schlafen kann.

Ein Nachtzug verkehrt zwischen Berlin Lichtenberg und Danzig, von Köln, Basel und München kommt man nach Warschau.

Günstig wird die Bahnfahrt, wenn man die Sonderregelungen der Deutschen Bahn in Verbindung mit der BahnCard und den speziellen Familienangeboten nutzt.

Der aktuelle Fahrplan ist im Internet abgedruckt: www.bahn.de (Deutschland) und http://rozklad-pkp.pl (Polen). Auskünfte über den internationalen Zugverkehr zwischen Polen und Deutschland erteilen freilich auch die Reisezentren der Deutschen Bahn, Reisebüros mit DB-Lizenz sowie der telefonische Service 11861.

Der Danziger Hauptbahnhof (Gdańsk Główny) ist ideal gelegen: Die historische Altstadt ist zu Fuß in wenigen Minuten erreichbar. Neben dem Eingang zur Bahnhofshalle gibt es eine Gepäckaufbewahrung. Geld kann man im Seitengang der großen Halle wechseln, dort gibt es auch einen Visa-Geldautomaten und öffentliche Fernsprecher. Für alle, die noch weiterfahren wollen: Abfahrtstafeln (*odjazdy*) sind gelb und Ankunftstafeln (*przyjazdy*) weiß. Fahrkarten fürs Inland gibt es in der Haupthalle, fürs Ausland im Obergeschoss (*kasa międzynorodowa*).

Durch die Unterführung gelangt man zum Buchladen Empik, vor diesem geht es rechts die Treppe hinauf zur ul. Podwale Grodzkie.

Mit dem Fahrrad

Vor Beginn der Polenreise erwirbt man am Bahnschalter des

Abfahrtsortes eine internationale Fahrradkarte, mit der man in allen dafür zugelassenen Zügen die Grenze passieren und bis zum polnischen Zielbahnhof weiterreisen kann. Hierbei ist der Preis unabhängig von der Entfernung. Für zusätzliche Fahrten innerhalb Polens kauft man am jeweiligen Bahnschalter Fahrradtickets, deren Preis sich nach der Entfernungszone bemisst. Die Mitnahme des Rades ist in der Regel nur in den Zügen mit Gepäckwagen möglich (im Fahrplan mit Gepäck- oder auch Fahrradsymbol gekennzeichnet). Die Radfahrer-Hotline (Tel. 01805/151415) ist werktags 8–20 und am Wochenende 9–14 Uhr besetzt und erteilt Auskunft zu Reiseverbindungen, Fahrradmitnahme und Versand.

Mit dem Flugzeug

Die Polnische Fluggesellschaft LOT (www.lot.com) und die deutsche Lufthansa (www.lufthansa.de) bieten Direktflüge nach Danzig u.a. von Hamburg und Berlin, Düsseldort, Frankfurt und München. Konkurrenz erwächst ihnen von zahlreichen auf dem europäischen Markt operierenden Billigfliegern, z.B. RyanAir (www.ryanair.com) und Wizz Air (www.wizzair.com). Je eher man bucht, desto größer ist die Wahrscheinlichkeit, dass man eines der begehrten Billigtickets ergattert – ihre Zahl ist begrenzt. Wer erst kurz vor der Abreise bucht, zahlt für den gleichen Flug beträchtlich mehr.

Der Danziger Flughafen befindet sich 8 km westlich der Stadt in Rębiechowo und verfügt über Wechselstube (meist 8–15 Uhr), Autovermietung und Flughafeninformation, im ersten Stock ein Restaurant. Mit dem Airport Bus kommt man etwa stündlich schnell und bequem nach Danzig (Haltestelle Hotel Hewelius), die Tickets kauft man direkt beim Fahrer; Euros werden akzeptiert,

Die Frauengasse in Danzig

doch ist der Wechselkurs nicht günstig.

- **Flughafen Danzig** (Port Lotniczy Gdańsk-Trójmiasto), ul. Słowackiego 200, Tel. 058-952/953 (Info-Service rund um die Uhr), www.airport.gdansk.pl.

Mit der Fähre

Mit Finnlines kann man dreimal wöchentlich von Rostock nach Gdynia anreisen, der PKW kann mitgenommen werden:

- **Finnlines Passagierdienst,** Zum Hafenplatz 1, Lübeck, Tel. 04502/80543, www.finnlines.de

Auskunft

Vor der Reise lohnt es sich, ans Polnische Fremdenverkehrsamt zu schreiben und um die kostenlose Zusendung von aktuellen Broschüren zu bitten.

- **Polnisches Fremdenverkehrsamt,** Kurfürstendamm 71, 10709 Berlin, Tel. 030/2100920, Fax 058-21009214, www.polen.travel/de, info.de@polen.travel
- **Polnisches Fremdenverkehrsamt,** Lerchenfelderstr. 2 / Palais Auersberg, 1080 Wien, Tel. 058-01/5247191, www.polen.travel/de-at, wien@pot.gov.pl

Institute und Zentren der Polnischen Kultur gibt es in Berlin, Düsseldorf, Leipzig und Wien. Dort kann man sich anhand von Literatur, Filmen und Kassetten ausführlich über Polen informieren. Außerdem finden Vorträge und Konzerte statt.

- 10178 Berlin, Burgstr. 27, Tel. 030/2475810, www.polnischekultur.de, Fax 058-2425287
- 40213 Düsseldorf, Citadellstr. 7, Tel. 0211/866960, www.polnisches-institut.de
- 04109 Leipzig, Markt 10, Tel. 0341/702610, www.leipzig.polnischekultur.de
- A-1010 Wien, Am Gestade 7, Tel. 0222/5338961, Fax 058-5329758

In **Danzig, Sopot** und **Gdynia** gibt es eine ganze Reihe touristischer Auskunftsstellen. Die Informationsbüros am Königsweg geben Hinweise zu interessanten Veranstaltungen und Ausflugsmöglichkeiten; man erhält Info-Schriften und Reisebücher, Landkarten und Stadtpläne, auf Wunsch auch Führungen. In allen hier genannten Informationsbüros kann man auch die Tourist Card für die gesamte Dreistadt (s. Bus, Stadt- und Straßenbahn).

- **Zentrum für Touristeninformation,** Centrum Informacji Turystycznej, ul. Długi Targ 28/29, 80-830 Gdańsk, Tel. 058-3014355, www.de.gdansk.gda.pl, www.gdansk4u.pl, tgl. 9–17, Juni–Aug. 8.30–18.30 Uhr
- **Touristeninformation am Lech-Wałęsa-Flughafen,** IT Lotnisko im. Lecha Wałęsy, ul. Słowackiego 200, 80-298 Gdańsk, Tel. 058-3481368, Mo–Fr 8–16, Sa 9–17, So 9–14 Uhr
- **Touristeninfromation Bahnhofstunnel,** Punkt Informacji Turystycznej w tunelu PKP, ul. Podwale Grodzkie 1, Gdańsk, Tel. 058-7213288, www.gdansk4u.pl, tgl. 9–17, Juni–Aug. 8.30–18.30 Uhr
- **Punkt PTTK,** Abteilung Danzig, Punkt PTTK Oddział Gdańsk, ul. Długa 45,80-827 Gdańsk, Tel. 058-3011343 und 058-3016096, www.pttk-gdansk.pl, Mo–Fr 9–18, Sa–So 9–16.30 Uhr
- **Touristisches Informationszentrum Sopot,** Informacja Turystyczna, ul. Dworcowa 4, 81-704 Sopot, Tel. 058-5503783, www.sopot.pl, tgl. 10–18, Juni–Aug. 9–20 Uhr
- **Touristisches Informationszentrum Gdynia,** Centrum Informacji Turystycznej, ul. 10 Lutego 24, 81-364 Gdynia, Tel. 058-6223766, www.gdynia.pl, Mo–Fr 9–18, Sa–So 9–16 Uhr

Autofahren

Wer das historische, verkehrsberuhigte Danzig besuchen möchte, sollte das Auto am erstbesten bewachten **Parkplatz** (Parkingi Strzeżone) stehen lassen, z.B.

zentral am Targ Węglowy (Kohlenmarkt) und knapp nördlich der Altstadt in der ul. Wałowa 28. Ansonsten ist das Parken in der gesamten Dreistadt durch Parkuhren geregelt.

Autovermietung ist in den Büros städtischer Agenturen möglich, aber auch an Grenzübergängen, auf dem Flughafen und an der Rezeption größerer Hotels. Die Mietbedingungen hängen von der jeweiligen Firma ab, meist werden autorisierte Kreditkarte, Reisepass und internationaler Führerschein verlangt. Hier die Adressen wichtiger Mietfirmen in Danzig, der preiswerteste zuerst:

- **Express Rent A Car,** ul. Spichrzowa 19, Tel. 12-19779 und 058 305 46 09, www.express.pl
- **AVIS,** ul. Słowackiego 210 (Flughafen), Tel. 058-3481289, www.avis.pl
- **Europcar,** ul. Słowackiego 210 (Flughafen), Tel. 058-3419843, www.europcar.pl

Bei der Fahrt auf Polens Straßen sind folgende **Verkehrsregeln** zu beachten: Für Pkw und Motorräder beträgt die Höchstgeschwindigkeit 60 km/h in geschlossenen Ortschaften, 90 km/h auf Landstraßen und 110 km/h auf Autobahnen und Schnellstraßen; Autos mit Anhänger dürfen auch auf Landstraßen und Autobahnen nicht schneller als 70 km/h fahren.

Es besteht Gurtpflicht auf allen Sitzen - auch in der Stadt. Kinder bis zu 12 Jahren dürfen nur auf dem Rücksitz Platz nehmen. Auto- und Motorradfahrer müssen auch tagsüber mit Abblendlicht fahren. Zwingend vorgeschrieben ist die Mitnahme eines Warndreiecks sowie eines Verbandskastens. Die Promillegrenze beträgt 0,2, das Telefonieren mit Handy ist während der Fahrt verboten.

Tankstellen sind fast ebenso zahlreich wie in Deutschland, die Versorgung mit bleifreiem Benzin und Dieselkraftstoff ist flächendeckend sichergestellt. Im Sommer sind die Tankstellen in der Regel von 6–22, an Sonn- und Feiertagen von 7–17 Uhr geöffnet. Nur an Kreuzungen von Fernstraßen sowie an internationalen Routen bleiben einige Tankstellen durchgehend offen. Den Pannenhilfsdienst erreicht man unter Tel. 058-981, den Unfallrettungsdienst unter Tel. 058-999. Bei Unfällen ist selbstverständlich auch die örtliche Polizei zu verständigen (Tel. 058-997), für spätere Schadensregulierung benötigt man ein Exemplar des Polizeiprotokolls. Die Notrufstation des ADAC in Polen hat die Nummer 061-8319888.

Bus, Stadt- und Straßenbahn

Die Danziger Rechtstadt, wo die touristischen Sehenswürdigkeiten dicht beieinander liegen, erkundet man am besten zu Fuß. Neben reinen Fußgängerzonen gibt es Abschnitte, die nur für Taxis und Anlieger frei sind.

Für weiter gehende Ausflüge innerhalb der Dreistadt ist die **Stadtbahn SKM** (*Szybka Kolej Miejska*, www.skm.pkp.pl) zu empfehlen. Sie verkehrt alle 6–15 Minuten (nach 19 Uhr seltener) zwischen Gdańsk, Sopot, Gdynia und Wejherowo und verbindet Danzig mit dem Neuen Hafen (*Nowy Port*). SKM-Tickets (nicht identisch mit normalen Zugfahrkarten!) kauft man an den Schaltern der einzelnen Stationen, entwerten kann man sie in den gelben Automaten am Gleis (*PKP Kasownik*). Zwischen Gdańsk und Gdynia gibt es die folgenden Haltestellen:

Km 0: Gdańsk Główny
Km 2: Gdańsk Stocznia
Km 3: Gdańsk Politechnika
Km 5: Gdańsk Wrzeszcz
Km 6: Gdańsk Zaspa
Km 7: Gdańsk Przymorze
Km 9: Gdańsk Oliwa
Km 10: Gdańsk Żabianka
Km 11: Sopot Wyścigi
Km 12: Sopot
Km 14: Sopot Kamienny Potok
Km 16: Gdynia Orłowo
Km 18: Gdynia Redłowo
Km 20: Gdynia Wzg. Św. Maksym.
Km 21: Gdynia Główna

Preiswerte **Busse** der Linien 100 bis 200 bedienen tagsüber alle Viertel der Dreistadt, von 23 bis 5 Uhr werden sie durch (teurere) Nachtbusse (N1–11) ersetzt, die in Gdańsk, Sopot und Gdynia allesamt den Bahnhof ansteuern (23–4.30 Uhr). Zusätzlich gibt es Schnellbusse, die mit Buchstaben gekennzeichnet sind. Die Tickets kauft man am Automaten (Anleitung auch in englischer Sprache) oder beim Fahrer. In Danzig gibt es außerdem **Straßenbahnen** (Nr. 1–12), in Sopot und Gdynia **Oberleitungsbusse** (Nr. 20–30). Seit 2009 gehören Busse, Straßenbahnen und Oberleitungsbusse zu einem einheitlichen Verbund, die Schwierigkeiten beim Ticketkauf haben sich damit verringert. Infos: www.ztm.gda.pl.

Tipp: Erkundigen Sie sich nach Ihrer Ankunft nach dem preisgünstigen **Tages- oder Dreitagesticket,** im Ticket für 36zl ist die Stadtbahn SKM inklusive:

24-Std. 10zl
72-Std. 24zl,
72-Std. 36zl

Alternativ können Sie auch die Tourist Card (Gdańsk-Sopot-Gdynia-Plus) erwerben, die zum kostenlosen Eintritt in Museen, in der teureren Version »Maxi« auch zur kostenlosen Nutzung aller Danziger Verkehrsbetriebe berechtigt. Maxi kostete im Herbst 2010 31 zl (24 Std.) bzw.

68 zl (drei Tage), für Kinder gibt es etwa 30 % Rabatt.

Diebstahl

Danzig gilt als vergleichsweise sichere Stadt, dennoch sollte man - vor allem im Bereich des Bahnhofs - vorsichtig sein. Generell sollte man Wertsachen nie offen im Auto liegen lassen (auch nicht auf bewachten Parkplätzen) und alle Situationen meiden, in denen Menschen eng zusammengedrängt sind, z.B. in Bussen und Bahnen oder auf Märkten.

Beim Verlust des Reisepasses stellt die Konsularabteilung der Botschaft der Bundesrepublik Deutschland einen Reisepass zur Rückkehr in die BRD aus. Vorgelegt werden müssen die Verlustanzeige, bestätigt durch die örtliche Polizeibehörde sowie zwei Passbilder. Was Fahrzeugpapiere betrifft, genügt die von der Polizei attestierte Verlustanzeige. Fahrzeugpapiere und Personalausweise können nur in Deutschland neu ausgestellt werden. Grundsätzlich sollte jeder Reisende die Registriernummern der Personalpapiere auf einem gesonderten Blatt notieren bzw. entsprechende Fotokopien mitführen. Beim Verlust der persönlichen Dokumente wird so eine Identifizierung durch das Konsulat vereinfacht.

Diplomatische Vertretungen

- **Polnische Botschaft in Deutschland,** Lassenstr. 19–21, 14193 Berlin, Tel. 030/223130, Fax 22313155, www.berlin.polemb.net
- **Polnische Botschaft in Österreich,** Hietzinger Hauptstr. 42-C, 1130 Wien, Tel. 01/87015-100, Fax 87015-222, www.wien.polemb.net
- **Polnische Botschaft in der Schweiz,** Elfenstr. 20-A, 3006 Bern, Tel. 031/3580202, Fax 3580216, www.berno.polemb.net
- **Deutsche Botschaft in Polen,** ul. Jazdów 12, 00-467 Warschau,

Stich von Königsberg

Tel. 022-5841700, Fax 022-5841739, www.warschau.diplo.de

- **Deutsches Generalkonsulat in Danzig,** al. Zwycięstwa 23, 80-219 Gdańsk-Wrzeszcz, Tel. 058-3406500, Fax 058-3406538, www.danzig.diplo.de
- **Österreichische Botschaft in Polen,** ul. Gagarina 34, 00-748 Warszawa, Tel. 022-8410081, Fax 022-8410085, www.aussenministerium.at/warschau
- **Schweizer Botschaft in Polen,** al. Ujazdowskie 27, 00-540 Warszawa, Tel. 022-6280481, Fax 022-6210548, www.eda.admin.ch/warsaw

Geld

Zahlungsmittel in Polen (vgl. ➢Zoll) ist der Złoty (1 Złoty = 100 Groszy). Im Umlauf sind Münzen im Nennwert von 1, 2, 5, 10, 20, 50 Groszy und 1, 2, 5 Złoty sowie Banknoten von 10, 20, 50, 100 und 200 Złoty. Der Kurs des polnischen Złoty ist frei konvertierbar und unterliegt deshalb Schwankungen. Geld tauscht man z.B. im Kantor, der polnischen Entsprechung für ›Wechselstube‹. Es gibt ihrer viele in Danzig, sie sind ausschließlich auf das Tauschen von Bargeld eingestellt. Die Kurse weichen oft erheblich voneinander ab, darum lohnt es sich zu vergleichen. Banken haben meist einen schlechteren Kurs als Wechselstuben und verlangen überdies eine Kommission. Besonders schlecht sind die Wechselkurse am Flughafen, aber auch im Bahnhof sollte man - wenn überhaupt - nur einen Minimalbetrag tauschen.

Kreditkarten werden in allen größeren Hotels und Restaurants, aber auch in Reisebüros, Flugvertretungen und Tankstellen akzeptiert. Bei Verlust oder Diebstahl von EC- und Kreditkarten kann man diese unter der Zentralen Telefonnummer 0049/116116 **sperren** lassen.

Internet

www.polen.travel/de:
Die deutschsprachige Seite des Polnischen Fremdenverkehrsamts bietet in übersichtlicher Anordnung Basisinfos über das Land, eine Beschreibung aller touristisch interessanten Orte, Anschriften wichtiger Unterkünfte und Tipps für Aktivurlaub.

www.inyourpocket.com:
Der Klick auf ›Gdańsk‹ führt zum Danziger City Guide mit einer breiten Palette von Rezensionen zu Unterkünften und Restaurants, Hinweisen auf Sport, Kultur und Unterhaltung. Auch ist zu erfahren, in welchem Danziger Internet-Café man z.Z. am günstigsten surfen kann.

www.de.gdansk.gda.pl / www.gdansk.gda.pl / www.gdansk4u.pl:
Von der Stadt Danzig erstellte Website mit Infos zu Sehenswürdigkeiten und kulturellen Aktivitäten, einem interaktiven Stadtplan und Panoramabildern.

www.gdansk-life.com / www.trojmiasto.pl:
Mit vielen nützlichen Infos (auch auf Englisch) und einem Kulturkalender in polnischer Sprache.

www.forum.danzig.de:
Im Mittelpunkt des gut besuchten Forums stehen die Familienforschung und das historische Danzig.
www.herder.univ.gda.pl: Website des Herder-Zentrums in der ul. Ogarna 26 (Gdańsk).

www.danzig-online.pl/index3.html:
Alte Postkarten und Bilder sowie eine umfangreiche Linksammlung.

www.audioguide.com.pl:
Audioreise in die Vergangenheit - Danzig auf YouTube.

Hotspots gibt es z.B. in der ul. Długa und auf dem Długi Targ sowie auf dem Targ Węglowy. Auch die meisten Danziger Hotels verfügen inzwischen über **WLAN** und/oder Internetzugang.

Medizinische Versorgung

Gesetzlich krankenversicherte EU-Bürger können sich bei polnischen Ärzten und Zahnärzten gegen Vorlage der Europäischen Versicherungskarte kostenfrei behandeln lassen. Man wendet sich ans örtliche Gesundheitszentrum oder einen polnischen Vertragsarzt, die Anschriftenliste des Nationalen Gesundheitsfonds NFZ (*Narodowy Fundusz Zdrowia*) halten die deutschen Krankenkassen in Form eines Merkblatts bereit.
Arzneimittel können preiswert - und vielfach ohne Rezept - in Apotheken (*Apteka*) gekauft werden. Gut bestückt sind z.B. die Rathaus-Apotheke *Ratuszowa* in der Danziger Rechtstadt (ul. Długa 54/56) und die Apotheke ›Unter dem Adler‹ *Apteka Pod Orłem* in Zoppot (ul. Bohaterów Monte Cassino 37). Die Apotheken sind in der Regel Mo–Fr 9–19 und Sa 9–14 Uhr geöffnet, die Bahnhofsapotheke (ul. Podwale Grodzkie 1) rund um die Uhr.

Öffnungszeiten

Streng festgelegte Ladenzeiten gibt es in Polen nicht. Geschäfte

Fisch aus der Ostsee – eine Delikatesse

öffnen in der Regel Mo-Fr 10-18 und Sa 10-14 Uhr, Kaufhäuser und Einkaufszentren Mo-Fr 9-20, Sa 10-18 Uhr, manchmal auch am Sonntagnachmittag; Souvenirläden im historischen Danzig öffnen während des Sommers Mo-Sa, oft auch So 10-21 Uhr. In der Touristeninformation kann man überdies erfahren, welche Einkaufsläden rund um die Uhr geöffnet bleiben (Sklepi noczne).

Post

Die Danziger Hauptpost (www.poczta-polska.pl) befindet sich mitten auf dem Königsweg in der ul. Długa 23/28 und ist rund um die Uhr geöffnet. Am Eingang zieht man eine Nummer, für Briefmarken, Päckchen und Geldverkehr sind unterschiedliche Schalter zuständig. Postlagernde Sendungen erhält man am Eingang der ul. Pocztowa.

Reiseveranstalter

- **DNV-Touristik,** Tel. 07154/131830, www.dnv-tours.de
- **ORS Ost-Reise-Service,** Tel. 05261/2882600, www.ostreisen.de
- **Gromada Travel,** Tel. 030/2423165, www.gromada.pl
- **Ikarus**, Tel. 06174/290250, www.ikarus.com
- **Studiosus Reisen,** Tel. 089/500600, www.studiosus.com
- **Determann & Kreienkamp Touristik,** Tel. 0251/7036668, www.duk-touristik.de

Die Merkurstatue vor dem Artushof

- **Natours-Reisen,** Tel. 05473/92290, www.natours.de
- **Go East Reisen,** Tel. 040/8969090, www.go-east.de
- **Reisebüro Darpol,** Tel: 030/3420074, www.darpol.com
- **innaTOURa Reisen,** Tel: 0551/5046571, www.innatoura-polen.de
- **Pferd & Reiter,** Tel. 040/607669-0, www.pferdreiter.de

Reisezeit und Klima

Das Klima in Danzig und Umgebung unterscheidet sich nicht wesentlich von dem in Hamburg oder Bremen. Fürs Reisen besonders zu empfehlen sind die Monate Mai bis September. Der Mai ist der Monat mit der durchschnittlich höchsten Sonnenscheindauer, an der Uferpromenade der Mottlau stellen die Cafés ihre Tische nach draußen, und die Schiffe der Weißen Flotte starten zu Ausflügen in die Danziger Bucht. Die meisten Kulturveranstaltungen finden im Hochsommer statt, festlicher Höhepunkt ist der Dominikanermarkt in den ersten Augustwochen. Die Badesaison ist relativ kurz, am schönsten badet man in Sopot und auf der Halbinsel Hel. Ausflüge in die Kaschubei machen viele Touristen am liebsten im September, wenn die Temperaturen immer noch angenehm sind, die Buchenwälder aber schon beginnen, sich golden zu färben.

Taxis

Taxis sind in Polen noch relativ preiswert. Zum Grundpreis von etwa 2,50 € kommt 1 € pro Kilometer dazu. Vorsicht ist allerdings an Flughäfen und Bahnhöfen geboten; hier wird man leicht Opfer der ›Taxi-Mafia‹, die ein unangemessen hohes Transportgeld berechnet. Seriöse Taxi-Unternehmen tragen neben der Aufschrift *Taxi* den Namen der Firma und ihre Telefonnummer (bei Anruf vom Handy bitte »58« davorsetzen). Als zuverlässig und sicher gelten in Danzig u.a.:
Tel. 19686 City Plus Neptun
Tel. 19627 Super Hallo
Tel. 19666 Hallo Taxi

Bestellt man das Taxi telefonisch, werden keine zusätzlichen Gebühren berechnet. Mit einem 50%igen Aufschlag ist in den Nachtstunden von 22 bis 6 Uhr sowie an Sonn- und Feiertagen zu rechnen.

Telefon

Beim Telefonieren erspart man sich viel Mühe, wenn man bei der Post oder im Zeitungskiosk eine Magnetkarte (*karta telefoniczna*) zu 25, 50 bzw. 100 Zeiteinheiten erwirbt. Hierbei aber bitte darauf achten, dass vor der ersten Benutzung einer

Wichtige Telefonnummern

0800-200300: kostenloses Sicherheitstelefon für Touristen Juni–Sept. (10–22 Uhr).
Auch die folgenden Nummern sind gebührenfrei, doch wird in der Regel nur polnisch gesprochen.

112	Notruf (allg.)
912	Auslandsauskunft
913	Inlandsauskunft
919	Radio Taxi
981	Pannenhilfe PZM
997	Polizei
998	Feuerwehr
999	Ambulanz

Landesvorwahl:

0049	Deutschland
0043	Österreich
0041	Schweiz
0048	Polen

Karte das linke obere Eck abgeknickt wird! Am billigsten ist das Telefonieren von 22 bis 8 Uhr sowie am Wochenende. Bei internationalen Gesprächen sowie bei Anrufen vom Handy ins Festnetz gilt: erst die Landesvorwahl wählen, dann die Ortsnetzkennzahl (ohne Anfangsnull!) und schließlich die gewünschte Rufnummer. Achtung: Bei Gesprächen von Handy zu Handy wird die Null mitgewählt!

Zeitungen und Zeitschriften

Deutschsprachige Zeitungen und Zeitschriften erreichen Danzig mit höchstens eintägiger Verspätung, gegenüber vom Bahnhof, im Buchladen Empik, ist die Auswahl am größten. In der Touristeninformation liegen kostenlose Kulturzeitschriften mit dem Programm des laufenden Monats aus. An der Rezeption der meisten Vier- und Fünfsternehotels bekommt man die etwa alle drei Monate erscheinende Zeitschrift *Gdańsk in your pocket* (in englischer Sprache). Sie informiert u.a. über die allerneuesten Restaurants und Lokale, aktuelle Einkaufsadressen in Gdańsk, Sopot und Gdynia - eine gute Ergänzung zum Reiseführer!
Zu den meist gelesenen Zeitungen der Dreistadt zählen der *Dziennik Bałtycki* und die in Warschau erscheinende, überregionale *Gazeta Wyborcza* mit ihrer Lokalbeilage *Gazeta Morska*. Interessant für Touristen, die ein wenig polnisch sprechen, ist vor allem die Freitagsbeilage: alle Filme und Kulturveranstaltungen der kommenden Woche sind darin abgedruckt.

Zoll

Erwachsene ab 18 Jahren dürfen Waren ein- und ausführen, sofern ihre Menge den privaten Eigenverbrauch nicht übersteigt. Dieser ist wie folgt definiert: 800 Zigaretten oder 200 Zigarren oder 1 kg Tabak, 10 l Spirituosen, 90 l Wein und 110 l Bier sowie 10 kg Kaffee. Im Reservekanister dürfen sich nicht mehr als 20 l Kraftstoff befinden.
Die Einfuhr fremder Währung bedarf der Deklaration, sofern es sich um einen Betrag von mehr als 10000 Euro handelt. Das Zollamt bestätigt in der Devisenerklärung die Einfuhr der Fremdwährung; das Vorlegen dieser Erklärung bei der Ausreise ermöglicht die Ausfuhr der in ihr angegebenen ausländischen Währung.
Zollpflichtig sind Gegenstände, die als Geschenk betrachtet werden können und den Gegenwert von 100 US-Dollar übersteigen. Sie werden pauschal mit 10% des Warenwertes verzollt. Kunstwerke und Antiquitäten, die vor dem 9. Mai 1945 hergestellt wurden, dürfen aus Polen nur exportiert werden, wenn eine spezielle Genehmigung des polnischen Kultusministeriums vorliegt. Weiterführender Link: www.zoll.de

Denkmal auf der Westerplatte

Index

Die Deutsche Bibliothek verzeichnet diese Publikation in der Deutschen Nationalbibliografie; detaillierte bibliografische Daten sind im Internet unter http://dnb.ddb.de abrufbar.

4., aktualisierte und komplett überarbeitete Auflage 2011

Bildnachweis

eroth2010 / pixelio.de: 195
Filmverleih: 25
Gawin/Schulze: Umschlag Vorderseite, Umschlag Rückseite links und Mitte., 1, 4 o., 4 Mitte, 14, 19, 23, 30, 33, 40/41, 42, 43, 47, 54, 55, 56, 58/59, 61, 62/63, 64, 65, 66, 67, 68, 70, 71, 72 o., 79, 80/81, 83, 85, 90, 92, 94/95, 104, 105, 106/107, 108, 109, 111, 113, 115, 145, 152/153, 155, 167, 170, 175, 176, 177, 178, 179
Gdansk-Goldwasser: 3
Helga / pixelio.de: 184/185
ich / pixelio.de: 180/181
Jerzy Samp: 37, 38
Jerzy Sawluk / pixelio.de: 191
Polnisches Fremdenverkehrsbüro: Umschlag Rückseite rechts, 4 u., 5, 6/7, 48, 49, 51, 52/53, 73, 77, 87, 100/101, 114, 192
Promotionsamt der Stadt Danzig: 46, 57, 116/117
Reinhard Albers: 97, 98, 123 o.
Restaurant Goldwasser: 35
Schnieder Reisen: 129, 130, 131
Zygmunt Grabowiecki: 120/121

Alle übrigen: Verlagsarchiv

Kartographie

Kartendienst Toscano del Banner / L.P.G. Bremen

Hohenlohestr. 21 – 28209 Bremen
Tel. 0421-34843-0 – Fax 0421-348094
info@edition-temmen.de
www.edition-temmen.de

Satz: L.P.G. Bremen
Herstellung: Edition Temmen

ISBN 978-3-86108-494-5